最速で夢をかなえる！

すごろく
ノート術

原 麻衣子

同文舘出版

幸せな引き寄せ体質になる！

すごろくノート術

すごろくノート5つのメリット

1. 妄想レベルの夢がみるみる叶う！
2. 妄想パワーで
どんどん行動したくなる！
3. 誰でもカンタン！ 楽しく続く！
4. 毎日おもしろいほど
タスクがはかどる！
5. 自分をほめる達人になる！

完了したらスタンプやハンコを押そう

不安、ぼやき、ネガティブなんでもOK！

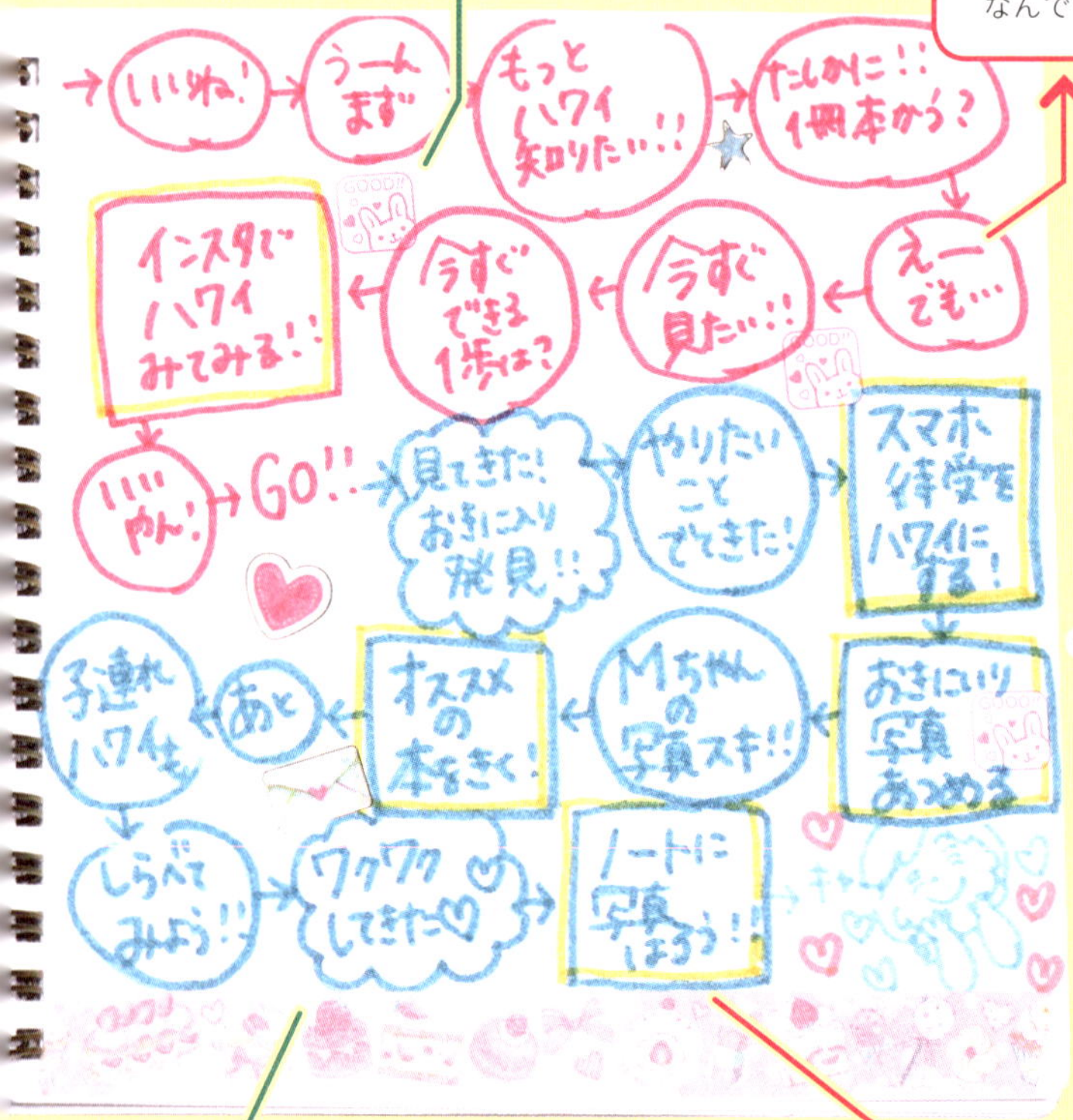

うれしい気持ちを書くとモチベーションUP！

行動することは□のマスに

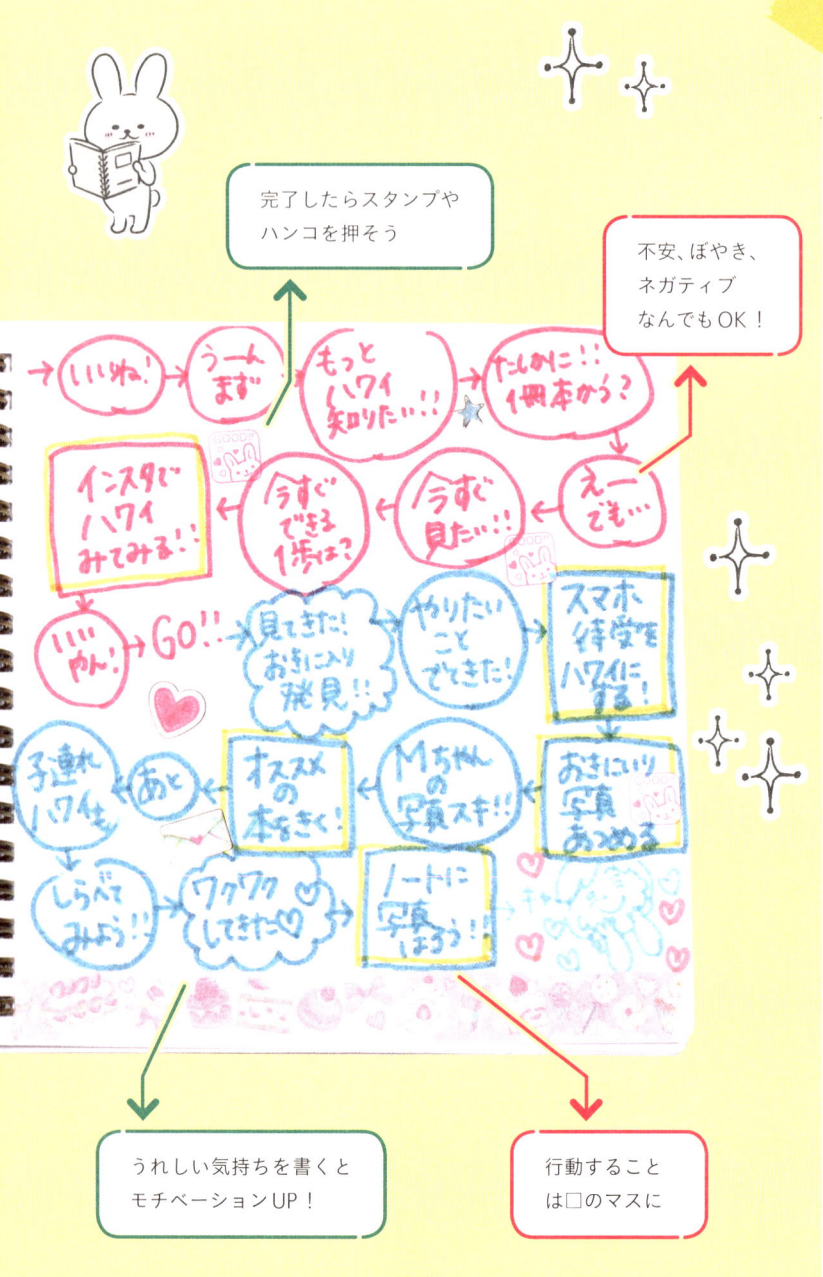

○ すごろくノートの特徴

スタート
叶えたいことを
自由に書こう！

頭に浮かんでくることを
次々に書いていこう

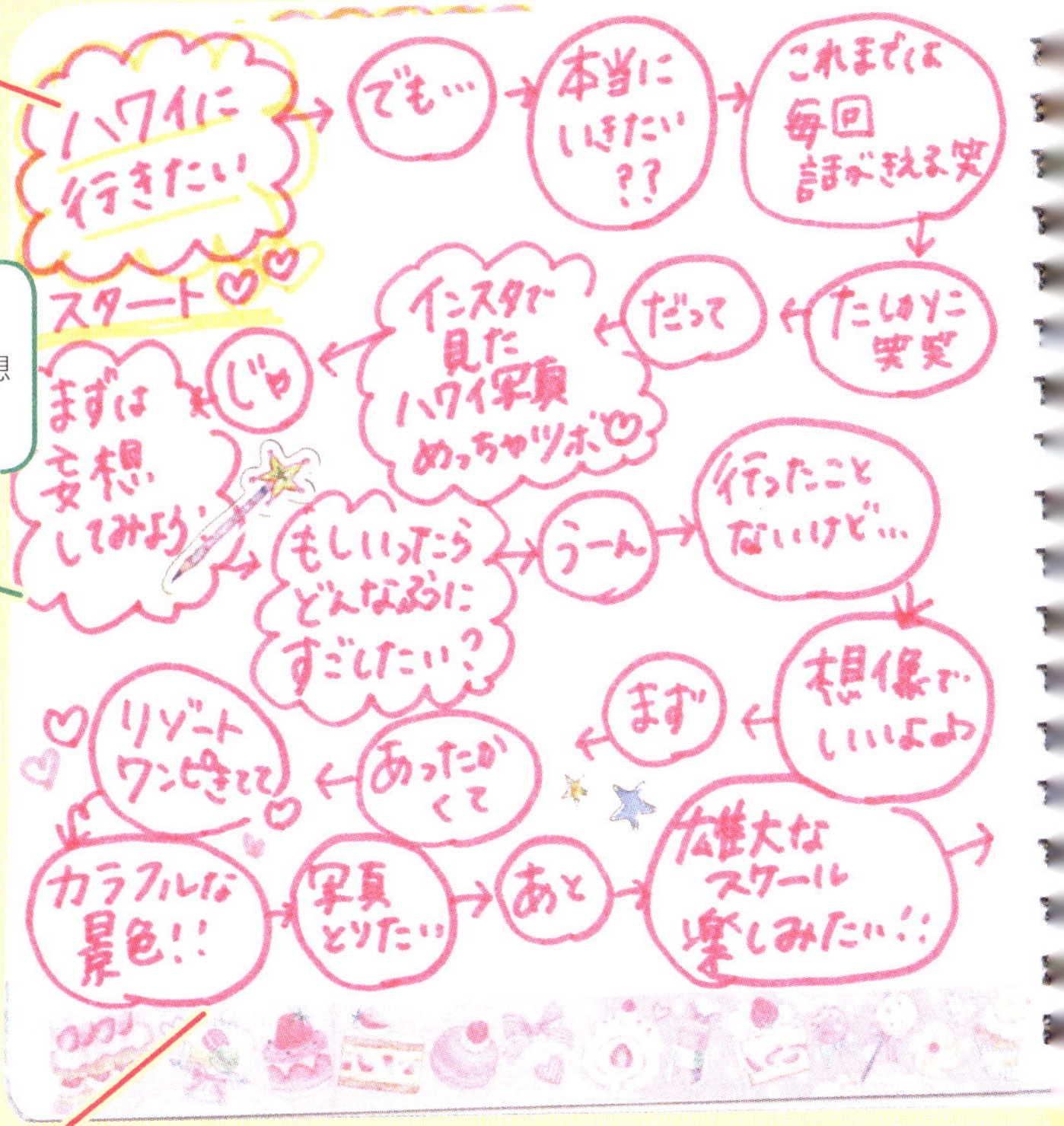

まず
ニヤニヤ妄想
してみよう

すごろくノートでテンション
が上がると叶う率UP！

「もし住んだとしたら？」リサーチした結果もどんどん記録

軽井沢に移住したい！　すごろくノート

仕事も
プライベートも
いろいろ
ノート

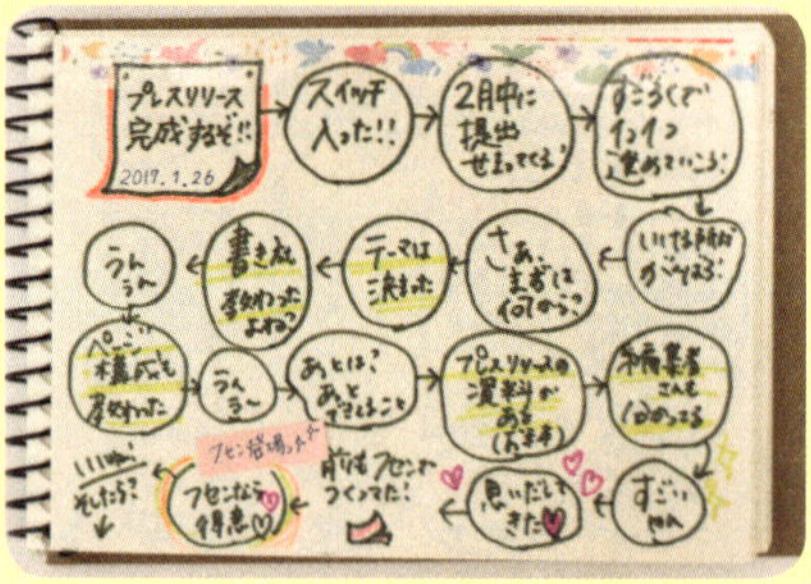

自分で自分を応援しよう！

ダイエットは「○○になりたくない！」とイヤなことを書くと本音が出やすい。最後に「本当はどうなりたい？」と聞いてみて！

叶えたい理想の場面をニヤニヤ妄想♪

仕事にもプライベートにも使える すごろくノート

「いつか叶ったらいいな……！」大きな夢も書いちゃおう！

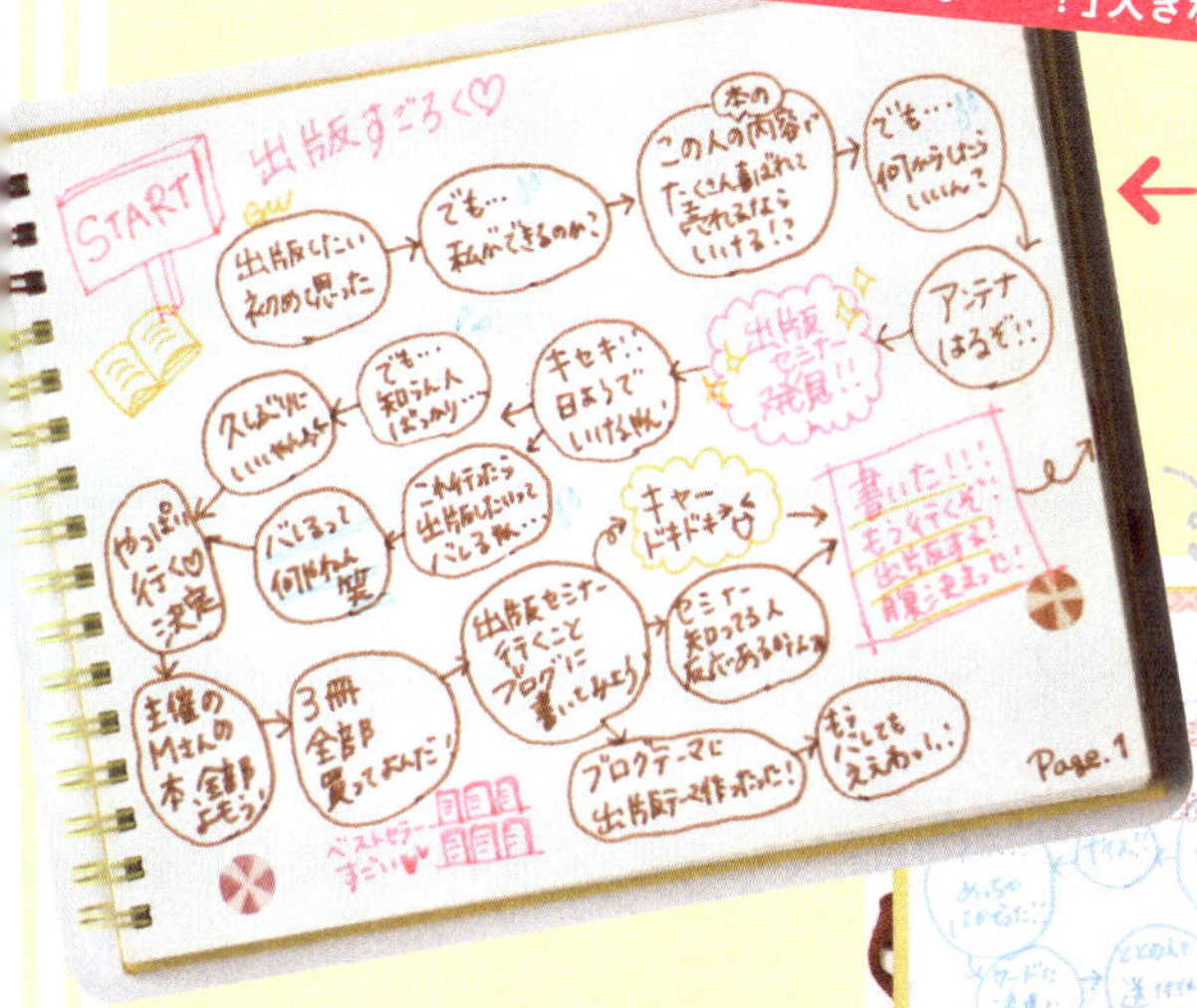

すぐに「でも……」と不安になっても大丈夫♪

書き続けて24ページ目！ついに企画書完成！

スタンプ、ハンコ、マステ、シール！好きなデコで気分を盛り上げて♪

ひっそり叶えたいことも♪

本音を吐き出せる秘密のノート

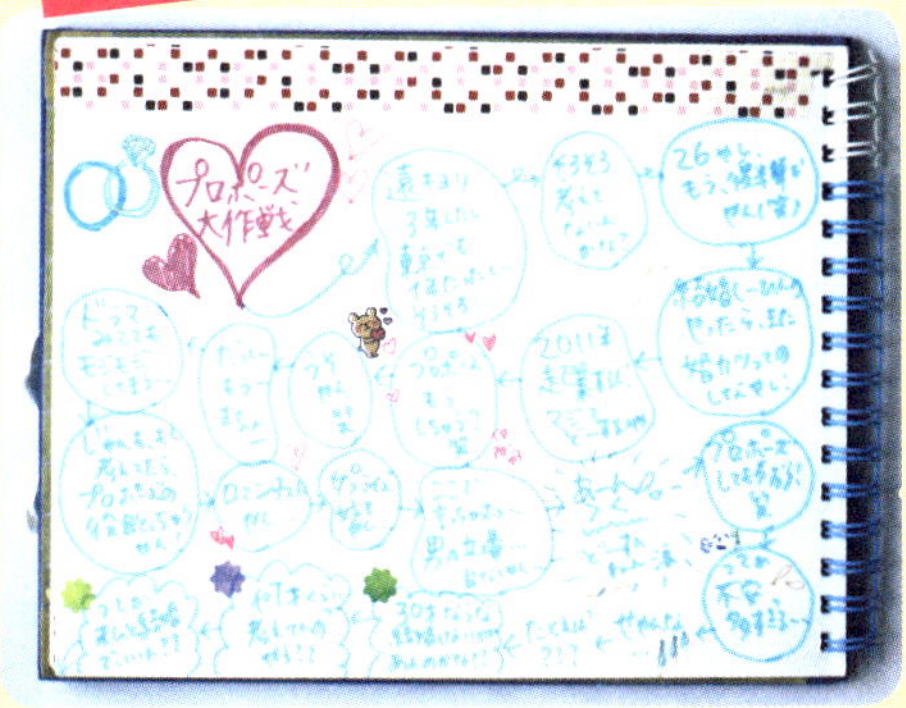

ありのままの気持ちを思いっきり書く！

1年のテーマ決め！　やりたいことを書くすごろく

カラフル＆シール使い、かわいい♪

<デイリーすごろくノート>
今日の理想のゴールに
向けて作戦会議！

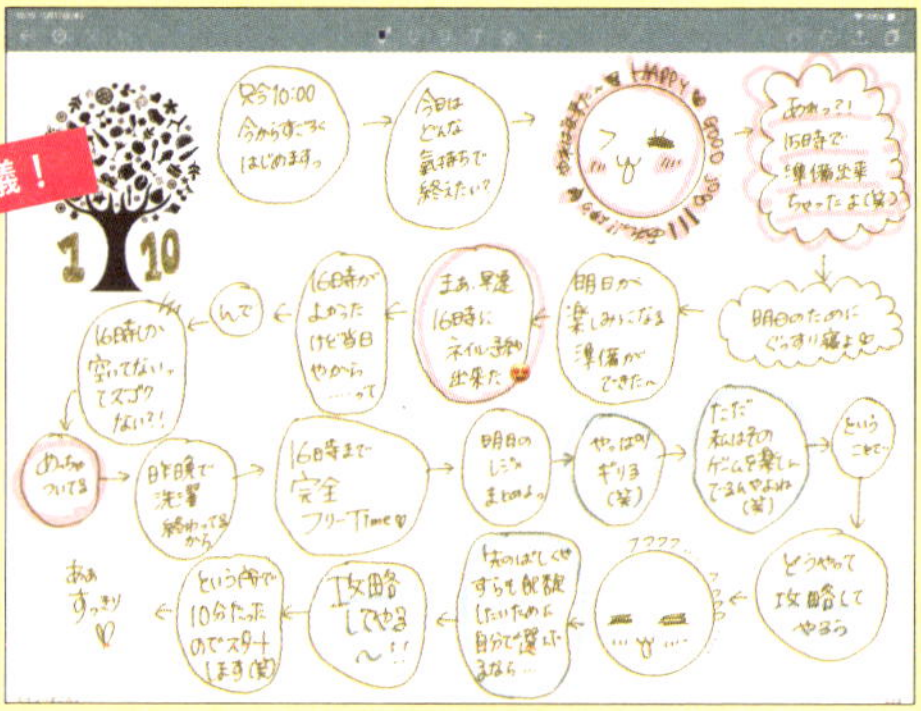

タブレットをノート
代わりに！

スッキリ整理した
いときは自分会議
として活用！

みんなの
すごろくノートが
見たい♪

アイデアいろいろ！
みんなのすごろくノート

女子力アップすごろく

← お気に入りアイテムをコラージュ♪

モンゴルで馬に乗りたい！すごろく

↑ 旅行情報やパンフレット切り抜きをひとまとめに

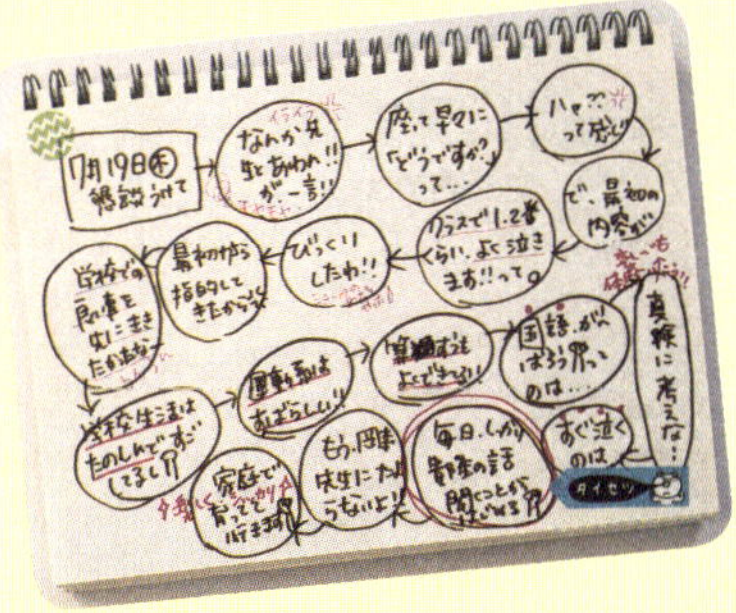

↑ マイノートにデコるのもいいね！

不安や悩み、ネガティブも書き出し続けるとスッキリ！

ノート
いろいろ

御朱印帳やジャバラノートは進みが見渡せてモチベーションUP！

白紙はキャンバスに夢を描くみたいで気持ちいい！

表紙がかわいい♪好き♪と選ぶのもいいね！

気分が上がる文房具を選ぼう！

デコグッズ

マスキングテープ

応援セリフつきのアイテムは超オススメ！

シール

スタンプ

ペン

色・太さなど、お気に入りのペンで書こう♪

手作りのペン・ノートも！

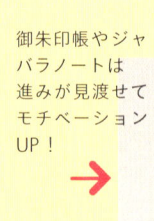

はじめに

夢が叶って当たり前！　の「すごろくノート」

はじめまして。すごろくノート考案者の原麻衣子です。本書を手にとってくださり、ありがとうございます。

私は幼少時代から心配症で、叶えたい夢を見つけても、反対されたりジャマされるのが怖くて誰にも言えずにいました。それでも、「誰にもバレずにひっそり夢を叶えたい！」と考えて書きはじめたのが、本書でお伝えする「すごろくノート」です。

私は、このすごろくノートで大きな夢を叶えてきました。

「10年後くらいに起業できたらいいな」と妄想してノートを書きはじめたら、1年後、26歳で念願のサロンオープンすることができました。

「プロポーズしてもらいたいな。でもまさか、彼には言えない！『ゼクシィ』買って見せるとか恥ずかしくてできない！」と不安もネガティブも全部、本音丸出しでノートに書き出したら、念願のプロポーズをしてもらえました。

私にとって、出版は夢のまた夢、雲の上のような話でした。それでも「出版したいな」と妄想してノートに書きはじめたところから、今、こうして出版することができました。

どれも自由気ままな妄想からスタートした夢でしたが、すごろくノートで一歩ずつ行動を進めることで、すべて叶えてきたのです。

私は、働く女性の起業相談にのるコーチという仕事をしています。

これまで３０００件以上の相談を受ける中で、前向きに「夢を叶えたい！」「目標達成したい！」と思う一方で、こんな悩みを持つ人が多いことがわかりました。

・夢や理想、目標をイメージはできるけれど、道のりが見えず不安
・逆算して考えることが苦手で、途中で挫折してしまう
・苦手な行動、ハードルが高い行動になると止まってしまう

・ネガティブ思考で達成できない
・日常が忙しくて、なかなか時間がとれない
・計画が遅れると、進んでいる人と比べ、自信を失ってしまう

こんな悩みを抱える方たちからは、

「麻衣子さんはどうして、新しい夢や目標を次々と叶えられるんですか？」

「どうして、忙しいのにいつも楽しそうで、楽チンに叶えていけるんですか？」

「どうして、難しそうな夢や目標をスムーズに達成していけるんですか？」

こんな質問をたくさんいただきます。

1つだけ、これが秘訣！　というものがあるとしたら、その答えが**「すごろくノート」**なのです。


私が学生の頃からずっと、小さな目標も、大きな夢も叶えてきた「すごろくノート」。クライアントさんにお伝えしたところ、その効果を実感するようになり、ワークショップなどでも伝えるようになりました。そして、全国各地から、こんなうれし

い報告が全国各地から届いています。

「ずっとあきらめていた夢の講師デビューができました！」

「何度も先延ばししていた、動画作成プログラムが無事に完成しました！」

「『家を買いたい♪』と妄想から書きはじめて、たった3週間でマンション契約！」

「産後ずっとやせられなかったのに、12kgのダイエットに成功しました！」

「ずっと片づけに挫折していたのに、翌日には2部屋完了しました！」

「どんなノート・手帳術も3日坊主だったのに、超簡単でずっと続いています！」

すごろくノートは、毎日たった5分で実践できる簡単！　楽しい！　挫折知らずで夢が叶う、魔法のツール。その名のとおり、お正月に遊ぶすごろくのように、1マスずつ行動や感情を書き進めていくノート術です。

1マスずつ行動を進めていけばOK！　とハードルがかなり低いので、先延ばししなくなる、「また進んじゃってる」と自信がみるみるついてくる。自信がつくと、どんどん進む！　理想のゴールから引き寄せられるように最短スピードで夢が叶います。

もう「叶って当たり前」の感覚です！

⋈ ネガティブ思考もOK！　自分の本音がわかるノート

がむしゃらにがんばって、我慢もしながら、とにかく行動して達成をめざす……というのは、しんどいですよね。また、ネガティブ思考だと達成できないからといって、無理やりポジティブ思考になろうとしても、どんどん自分が苦しくなっていくばかりです。

特に気持ちを大切にする女性の場合、気持ちにスイッチが入らないことで行動できなくなり、そんな自分に自信をなくしてしまい、叶う夢も叶わなくなってしまいます。
逆に、妄想したりイメージしたりするときの楽しい気持ちや高いモチベーションを最大限に活かすと、「叶えたい！」気持ちが爆発して、誰も止められないくらいに勝手に行動しはじめるのです。

また、逆算が必要なタスク管理が苦手な女性も多いですね。ゴールを設定したら、逆算して道筋を立てないといけない。でも、未来の行動って、なかなかイメージできない。また、そのとおりに行動できない自分や、先延ばししてしまう自分を責めてしまいがち……。私も、逆算が苦手だから、よくわかります。

でも、すごろくノートは「絶対、ムリ」だと思うような夢や目標だっていいんです。だって、誰に見せるわけでもない、自分だけの妄想なんですから。「こんな夢が叶ったら、何がしたい?」「こんな目標が達成できたら、こんな自分になれるはず」。そんな自由な妄想から広げていきます。

すごろくノート術は、これまでの目標達成法とは真逆の考え方です。逆算式ではなくて、積み上げ式で叶えていく。これがすごろくノートの特徴です。

・目標までの道筋が見えていなくてもいい
・行動だけではなくて感情も書いていい
・ネガティブやブラック感情OK。むしろ本音を知るチャンス
・誰にもバレないような小さな一歩でいい

・ゴールにたどり着ければ、どんなルートでも、戻っても、止まってもいい
・自分で自分をほめたり、慰めたり、応援したりできる

一見、遠回りに見えますが、行動も感情もすべて書き出すのが、最短ルートで引き寄せながら、夢を叶える秘訣です。

本書では、すごろくノート術の考え方から書き方、活用方法、困ったときの対処法などをノート実例をまじえながらお伝えします。5章では実際に夢を叶えた人の実例もご紹介しています。

これまでの目標達成法やノート術にしっくりきていない人や、挫折してきた人。他人と比べず、自信と余裕を取り戻したい人にこそ、このすごろくノートでもっと楽しく軽やかに、次々と夢を叶えて幸せになってほしいと願っています。

原　麻衣子

· Contents ·

『最速で夢をかなえる！　すごろくノート術』

・Contents・

Chapter 4

毎日の仕事や家事・育児もはかどる！

デイリーすごろくノート術

· Contents ·

Chapter 5

ノートの中身拝見！
すごろくノート活用事例

Chapter 6

引き寄せ力アップ！

すごろくノートでもっと夢を叶える秘訣

Staff

イラスト／成瀬瞳

装幀・本文ＤＴＰ／池田香奈子

Chapter

1

最速で夢を叶える！すごろくノート

1

1マスずつ進めてゴールをめざす「すごろくノート」

「すごろくノート」と聞いて、不思議に思ったかもしれません。
「あの子どものときに遊んだすごろく？」
「すごろくとノートってどういうこと？」

「すごろく」はご存じのとおり、スタートからゴールまでマスが書いてあるボードゲーム。サイコロを振って、1マス、2マス……と進めながら、早くゴールした人が勝ち！　という、おなじみのゲームですね。

マスによっては「2マス進む」や「1回休み」などの指示が書かれていることもあります。「人生ゲーム」も、すごろくの一種で人気がありました。

本書でお伝えする「すごろくノート」は、このボードゲームのすごろくとよく似ています。

共通点は3つ。

①スタートから1マス1マス進めて、ゴールをめざす
②スタートからゴールまで1本線のルートがある
③マスが進むとうれしい！　ゴールできたら、最高にうれしい！

でも、すごろくとは、ちがうところもあります。

①叶えたいことや日常のスケジュールなど、自分の好きなテーマでつくれる
②サイコロは使わず、自分のペースで進めていける
③少しずつマスを書き足していってゴールをめざす
④マスを戻ることはなく、次々に進めていく
⑤1人で書く、自分だけのすごろく

すごろくノートは、ゲームのすごろくと同じように、1マス1マス進めるもの。でも、誰に見せるわけでもない自分だけのもの。小さな一歩を重ねながら、夢を叶えたり目標達成できる、まったく新しいノート術です。

ゲームのようなノート術？　ますます不思議に思ったかもしれません（笑）。

ゲーム感覚で楽しくて、子どもができるほど簡単なので、ワークショップに参加してくださったみなさんからは、こんなうれしい報告をいただいています。

「ノート術や手帳術が三日坊主で終わる私が、すごろくノートは続いているんです！」

「私にできるのかな？　と不安でしたが、たった5分で書くことができてビックリでした！」

「私がいつもすごろくノートを書いているのを見ていた娘が、マネして書きはじめたんです！」

「楽しくて夢中になって、新幹線で移動中、1時間で11ページも書いてました！」

初めてのあなたも簡単にできて、楽しく続けられること、まちがいなしです。

また、これまでいろんな手帳術やノート術を実践してみたけど、どれも三日坊主だった……というあなたにもチャレンジしてほしいと思っています。きっと、「気づいたら、継続できていた！」「先延ばし体質が直った！」「夢や目標に近づいていた！」という効果が自然と表われてくるはずです。

本書では、すごろくノートにオススメのノートやペンなどの文房具の紹介から、すごろくノートの具体的な書き方、最速で夢を叶えるノートの使い方を一つひとつお伝えしていきます。

それでは、早速はじめましょう！

2

脳内会議をひたすらノートに書記するだけ！

「すごろくノート、書けるかな？」と不安に思ったあなた。安心してくださいね。ワークショップでも、「必ず書けますよ！」とお伝えしています。

以前、私のワークショップを取材していただいたとき、5分間の実践タイムで、参加者の方たちがスラスラ書きはじめたのを見て、記者の方が驚かれていました。「みなさん、本当に初めてなのですか？」と。

「誰でも書けますよ」とお伝えしているのには、理由があります。

すごろくノートは、**あなたが普段、頭の中で考えていることや、心の中でつぶやいていることを、ノートにただただ書記していく感覚で書けばいい**からです。

たとえば、「今年こそダイエットしたい！」と思った瞬間、どんなことが頭に浮かびますか？


「ダイエット……。今度こそ、成功させなきゃ」

「去年も途中で終わってしまったもんな」

「でも、毎年言ってる気がする……」

「いやいや、今年はちがう！」

「今年は家族で沖縄に行きたいもんね」

「沖縄の海で遊びたい！」

「やばい……水着！」


こんなふうに、頭の中でいろんな会話が飛び交っていませんか？

脳内で会話が浮かんでは消えて、浮かんでは消えて……同じようなことを考えてばかりで物事が進まない、という状態。みなさん、経験したことがあるのではないかな、と思います。

すごろくノートでは、この会話をノートに書きとめていきます。頭の中を行ったり来たりする考えや、自分だけの脳内会議。心の葛藤やモヤモヤも、人には言えない本音も、ポジティブなこともネガティブなことも、**とにかく全部「見える化」していく**のです。

「見える化すると思考がスッキリする」とよく言われますが、すごろくノートには、すべてをただただ書き出していきます。初めて見た人が「ここまで書くの!?」と衝撃を受けるほど（笑）。

すごろくノートは、まさに究極の見える化ツールなのです。

すごろくノートは脳内会議！

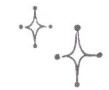

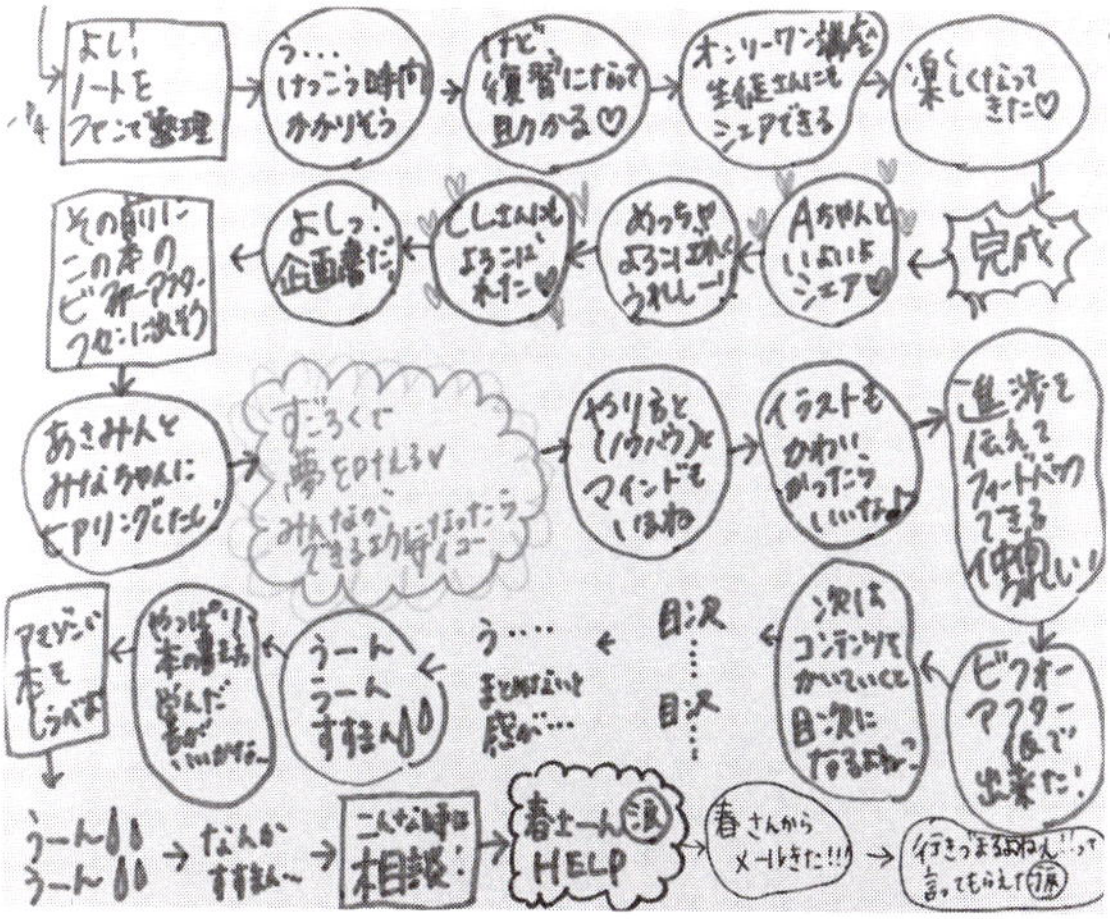

夢も、願望も、思考も、感情も……とにかく全部書き出します！

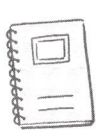

3

自分で自分にツッコミを入れる！ノートで行なう脳内会議

私たちの中にはいろんな役割の自分がいて、それぞれ物事を決断しています。

たとえば、前項の例のように、ダイエットを応援する自分と、どこかであきらめている自分。何かを決断するときには、「いいね、いいね！」と応援する天使のような自分と、「やっぱりやめなよ」と反対する悪魔のような自分がいて、まさに、天使と悪魔の戦いがくり広げられているかのようです。

ディズニー映画の『インサイド・ヘッド』は、少女の頭の中が主な舞台で、「喜び」「悲しみ」「怒り」「嫌悪」「恐れ」の5つの感情が登場人物として、それぞれの主張をしています。

また、マンガが原作の映画『脳内ポイズンベリー』は、真木よう子さん演じる30歳の女性が主人公。自身の恋愛について、5つのキャラクター「ポジティブ」「ネガティブ」「理性」「衝動」「記憶」が脳内会議を繰り広げます。

どちらも、日々会議を繰り広げる「脳内」が舞台になっていて、たくさんの感情担当が登場しておもしろい作品です。

あなたの中にも、いろんな感情担当の自分がいるはずです。「応援する自分」「弱気で自信がない自分」「楽天的でノリがいい自分」「ビビりな自分」というように。

決断するとき、恋愛や結婚について悩んだとき、仕事で壁にぶち当たったとき、ダイエットや片づけがうまくいかないとき……あらゆる場面で、自分の中のいろんな感情が会議をしているでしょう。

このたくさんの感情担当が、時には正反対の意見もぶつけ合っているので、迷ったり、決断がむずかしくなったりするのです。

その理由は簡単。

いろんな感情が混じり合う脳内会議は頭の中で行なわれていて、「目には見えない」からです。

目には見えない「エア会議」なので、すぐに記憶が薄れてしまい、どこまで話が進んだか思い出せません。これまでの失敗体験も忘れてしまい、また同じパターンを繰り返す……。だから、自己嫌悪になったり、自信をなくしてしまうのですね。


すごろくノートは、この脳内会議でかわされる会話を、全部記録していきます。これまで脳内でエア会議していたものを、ノートの上で会議していくイメージです。いわば、脳内会議の議事録ですね。

この議事録は、誰かに提出したりするわけではありません。誰にも読まれることのない、あなただけのノートです。

だから、安心してください。遠慮せず、感情のままに、どんどん意見をぶつけてみましょう！


頭の中の会話は、いつも大忙し。慣れてくると、書記していくのが追いつかないいくらいです。きれいにノートを書こうとするよりも、止まらない思考や、あふれ出る感情を全部、書き出していくのが一番のコツです。

脳内のセリフをそのままリアルに書くのがポイント！　私は大阪出身なので、すごろくノートでは関西弁丸出しです。
誰にもわからない自分だけの表現でもOK。大事なのは、あなたの言葉で書くことです。

4

ノートを読み返すと、発見がいっぱい！

・「時間がない」が口癖
・時間の使い方がヘタ
・自分に自信が持ちきれない
・人と比べてしまう
・同じ失敗を指摘されてしまう

こんなふうに悩んだことはありませんか？

そんなときオススメなのが、**前に進むことをいったん止めて「ふり返る」**こと。

ただ、ふり返りをすることがいいとわかっていても、忙しいときや気持ちに余裕がないときは、なかなか実行できません。また、記憶はどんどん薄れていくものなので、細かいところまで正確に思い出すのがむずかしくなります。

その点、すごろくノートは余裕がなくて見えなくなっていたことも、時間がたって忘れかけていたことも、一瞬で思い出せるツールとして優秀です。むずかしく考えずに**「ふり返る＝すごろくノートを読み返す」**だけで大発見がありますよ！


私が「出版できたらいいなあ」と妄想して、「出版」をテーマにすごろくノートを書きはじめたときのお話をしますね。

出版は、私には大きな夢で、もちろん初挑戦のことでした。書きはじめて、いきなり「でも……」という言葉が出てきて、つまずきました。

まったく知らない世界への挑戦です。すべてが初めてで、言葉もわからないものばかり。特に、最初の1ページから3ページまでは、落ち込んでばかりの印象でした。

「出版企画書ってなんだろう……」「調べてみよう」「えー、むずかしそう」「こんなのつくったことがない」「何を書いたらいいんだろう」「私に本当にできるのかな」

「うーん。うーん。うーん……」

当時のリアルな気持ちがそのままノートに残っています。見事に自信をなくして落ち込んでますよね。

このとき、私は気持ちを切り替えようと、ノートを書き進めるのをいったん止めて、ノートを見返しました。そして、それまで茶色のペン1色で書いていたのをやめ、**色分け**をすることにしてみたのです。

ポジティブな書き込みには、ピンクや黄色。

ネガティブな書き込みには、水色。

ただ気持ちを切り替えたくてはじめたことでしたが、効果てきめんでした！

それまでは、最初の3ページで落ち込んでばかり。何も進んでいないな、とできていないことばかりに目がとまっていました。

それが色分けをしてからは、ポジティブもネガティブも半々くらい。自分が想像していた以上に、うれしかったことや、できていたことを書くことができるようになったのです。

私の出版すごろくノート

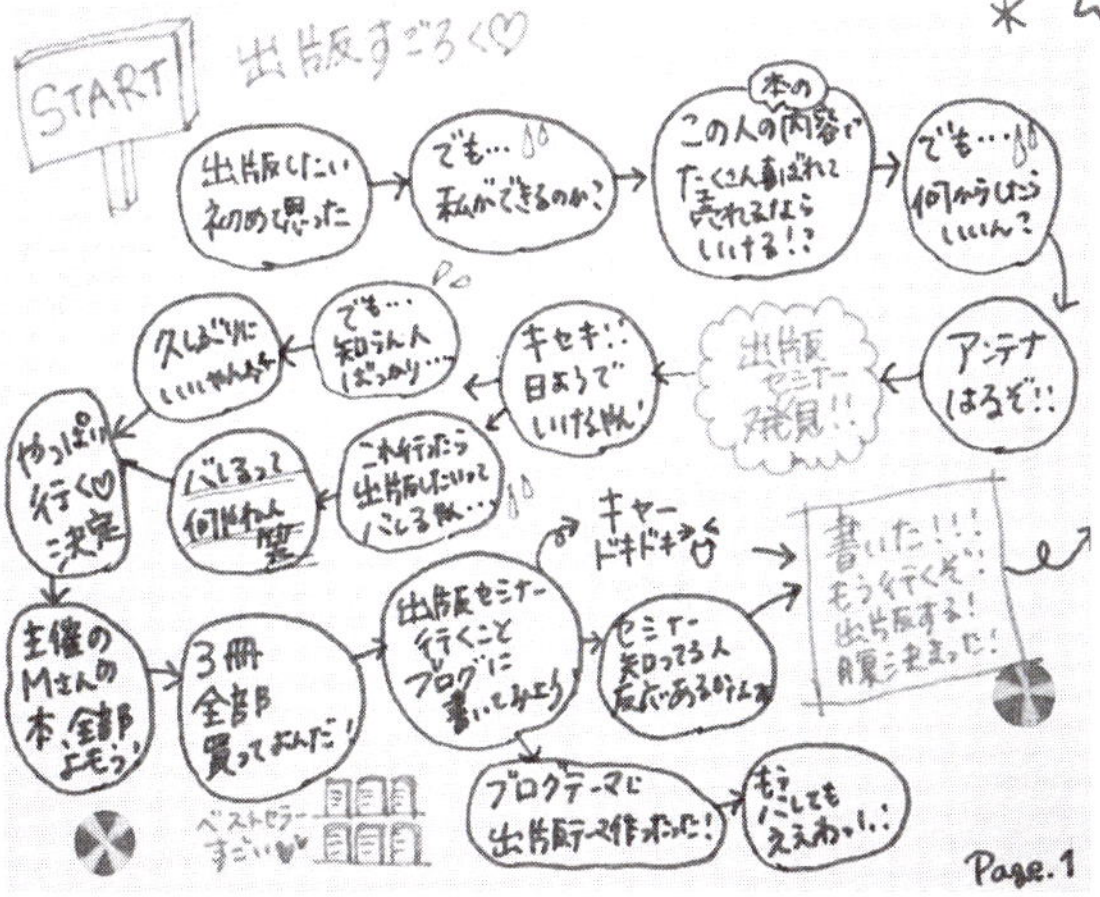

最初は落ち込んでばかりだった出版すごろくノート。1マス1マス進めるうちに、プチ目標達成できているのが見えてきて、勇気が持てました！

そして、どれだけ視野が狭くなっていたのか、どれだけ悲観的になっていたのかと気づかされました。

出版の経験ゼロ、知識ゼロ、人脈ゼロなのに、一歩ずつ進めているじゃない！

セミナーに参加して、企画書づくりに初挑戦したりして、収穫もあったじゃない！

「企画書なんて、むずかしそう……」と素直に弱音を書いていて、なんだかかわいいじゃない！

落ち込みながらも、先輩著者に相談できたじゃない！

色分けしてから書いたすごろくノートを見返してみると、ただ落ち込んでいたときとちがって、自分を俯瞰《ふかん》して冷静になれました。

何より、初挑戦で何もわからないゼロ地点から一歩ずつ進んで、がんばってきた自分の行動や感情の軌跡を読み返していると、勇気がふつふつと湧いてきたのです。自分で自信を復活できたことが大発見でした。

すごろくノートの大きな特徴は、行動も感情も「なんでも全部」書き出しているということ。**いつもは見落としがちな「小さな行動」や、普通は人にも言わず、メモに**

も残さないような「本音」が全部残っているので、いつでもすぐに、当時の自分を思い出すことができるのです。

それはまるで子どもの成長アルバムを見ているようです。たくさんの挑戦や失敗もしながら、初めて寝返りができた瞬間！ 初めてつかまり立ちができた瞬間！ というように、感動とともに読み返すことができるのも、すごろくノートのおもしろさですね。

私は出版の夢が遠く感じられたときは、出版すごろくノート1冊目の「ゼロ状態」の1ページから「初めて企画書完成！」の24ページまでを、何度も読み返していました。一喜一憂しながらも「1つ目の目標を達成した！」と、自分の歩みに自信を持てました。

5

毎日ごきげん！自分で自分を応援する最強ノート術

夢を叶えたり、目標を達成しようとするとき、いつも楽しそうでスイスイと叶える人と、途中で苦しくなってなかなか進まない人に分かれます。

あなたの周りにはいませんか？

いつも笑顔の人。

悩みが少なさそうな人。

長く落ち込むことがない人。

復活が早い人。

いつの間にか進んでいる人。

いつも楽しそうに夢を叶えていく人の特徴。
それは**「毎日、ごきげんでいる」**ことです。

でも、仕事でも家庭でも、毎日いつも充実させて、いつもがんばれるか？　というと、なかなかそうはいきませんよね。

朝からハッピーな気分ではじまる日もあれば、朝から天気が悪くてがっかりしたり、うっかり夜更かしをして寝不足だったり。気持ちも体調も、毎日めまぐるしく変わります。

さらに、私たちは1人で過ごしているわけではありません。

たとえ一日がハッピーにはじまったとしても、朝の満員電車、会社や家庭での人間関係、避けられない仕事のお付き合い等々……ストレスが溜まったり、モヤモヤしたり、思いどおりにいかないことってありますよね。

これはみんな同じで、私ももちろん同じです。

あの人には幸運なことばかり起きていて、私には不運が多く起きているんだ、ということではありません。

「毎日、ごきげんでいる」人というのは、もっと言うと、**「毎日、自分で自分をごきげんにできる人」**です。

自分で自分を応援したり、慰めたり、やさしい言葉をかけたり、自分で自分をコントロールすることができる人です。


自分で自分を応援できると最強です！

友だちや同僚に話を聞いてもらわなくてもいい。家族にグチを言わなくてもいい。ストレス発散のためにケーキを買ったり、カラオケに行かなくてもいい。そして何より、悶々と長い間、落ち込み続けなくていいんです。


以前、こんなご相談がありました。

「なんだかすべてがうまく進まなくて、夫にポロッと伝えたんです。『がんばっているんだけど、うまくいかないんだ』『悔しいなぁ』『落ち込むなぁ』って……。

そうしたら、夫からは厳しい質問ばかりで、ケンカになってしまいました。私はただ、話を聞いてほしかっただけなのに……。こんなことなら言わなきゃよかったと、余計にストレスが溜まりました」

思いきって話してみたけど、自分が期待していた言葉と全然ちがう……。よくある話ですね。

こんなときも、すごろくノートが最強の味方になります！

誰にも言えない想いや、うまく言葉にならないモヤモヤした気持ち。まずは誰かに話す前に、ノートに書きなぐってみてください。頭や心の中でぐるぐるする想いは、全部、ノートに吐き出しましょう。

ポイントは**スッキリするまで、書き続ける**ことです。

話し言葉のままでいいし、汚い言葉づかいが出てきてもいいんです。誰に見せるわけでもありませんからね。弱音、グチ、不満、ぼやき、嫉妬、なんでも書き出してOKです。

書き出せたら、次のステップです。

自分で自分を応援しましょう！

「悩みを書き出していた自分」とちがう、**「理想の聞き役で、応援上手な自分」になりきりましょう！**


「うんうん、がんばってるよね」

「ここまで進んだ私、すごいね」

「いい感じ。一つひとつ、進めていこう」

「がんばれー！　がんばれー！」

「ちょっと、休けいしてもいいいんじゃない？」

「今日はゆったりしても大丈夫よ」

「大丈夫！　きっとできるよ」

「気にしない気にしない。自分のペースでいこう」

「大丈夫？　もやもやしてたら溜めずにね」

こんなふうに、行動や気持ち以外に、自分へのエールも文字にして書いていきます。自分で書いた文字を見ることで「うん、大丈夫！」という気持ちになって、どんどん勇気が湧いてきますよ！

早速、すごろくノートを書いてみたい！　そう思っている方も多いはず。それでは次章から、すごろくノートを書く準備をしていきましょう！

Chapter

2

「すごろくノート術」準備編

——気分が上がる文房具を選ぼう！

1

気分が上がる！　ノートの選び方

それでは、本章からいよいよ「すごろくノート術」実践編をお伝えしていきます。

一つひとつ順番に進めるので、安心してくださいね。

まずは準備編として、これから夢を叶える相棒になる「文房具」の選び方についてお話しします。

まずお伝えしたいのは、「**オススメの文房具は、あなたの気分が上がるものが一番！**」ということ。これでないといけない！　というルールはありません。自分が好きな文房具を、自由に選んでください。

とはいえ、すごろくノートの効果がより上がる、ちょっとしたコツはあります。私が長年、すごろくノートを研究してきた中で、みなさんにオススメしたい文房具の選び方をご紹介しますね。ぜひ参考にしながら、お気に入りを見つけてみてください。

ノートの基本的な選び方

ノートは、すごろくノート術で一番大事なアイテムとなります。

私のオススメは、**真っ白なスケッチブック**です。

最初は、大学ノートの片隅や手帳のフリーページに、すごろく形式で書いていた私。当時はノートもペンもアイテムにそこまでこだわらず、とにかく書くだけでした。

ところが、自分にとって特別な夢を叶えたい！　と思ったとき、初めて真っ白なスケッチブックを「テーマ別」に用意したのです。

「夢の出版」のノート、「軽井沢への移住」のノート、「理想のライフスタイル」のノート……というように。

「夢の出版」のノートは、出版のことだけを書くノートです。

新しいノートを買って、1ページ目を開いた瞬間。さわやかな風が吹いたような、とても気持ちいい気分になったことを今でも覚えています。

スケジュールや、今考えていること、感じていること、未来の夢や目標など、これまでの雑多な情報だらけの中に書いていたときとはちがう。罫線や枠の中に書くのとも、かわいいキャラクターのイラストがプリントされたノートに書くのともちがう。

それは、まっさらなキャンバスに絵を描くような感じ。「自由に書いていいよ」「なんでも書いていいよ」と言ってもらったような感覚でした。


普段、スケッチブックを使ったことがない人もいらっしゃると思いますが、ぜひ試してみてください。はじめはテーマ別に分けなくても大丈夫です。まずは1冊、すごろくノート用のノートを用意しましょう。

スケッチブックは書き慣れないという人は、罫線なしのノートでもかまいません。

・大きな夢を叶えたいとき
・自分にとってハードルが高いとき

・頭の中をクリアにしてアイデアを出したいとき

特にこんなとき、真っ白なスケッチブックやノートの効果が発揮されますよ。

ちなみに、

「真っ白なノートは見つけるのがむずかしいのですが……」

「罫線が入っているほうが書きやすいのですが、ダメですか？」

「方眼用紙がお気に入りなんですけど……」

という質問をよくいただきますが、もちろんＯＫです！　あなたの気分が上がることが大事なポイントです。


私の場合、罫線やマス目が入っていると、ついつい「きれいに書こう」としてしまい、余計な思考が入ってしまうので、あえて真っ白を選んでいます。

でも、逆に真っ白だと慣れていなくて緊張したり、罫線があったほうが心地いいと感じるのなら、自信を持って、そちらを選びましょう。

ノートのサイズ

ノートのサイズも自由です。字の大きさやライフスタイルによっても、いいサイズ感は変わりますよね。

オススメは、カバンに入れやすい手帳サイズや手帳より小さめのもの。ポイントは、持ち歩きたくなるようなサイズです。大きすぎたり重すぎたりすると、わざわざノートを開いて書くのがおっくうになる、荷物が重くて持ち歩かなくなるなど、すごろくノートから遠ざかってしまいます。

ちなみに、やることがいっぱいで頭の中がグルグルする……。叶えたいはずなのにモヤモヤする……。こんなときに、大事なポイントがあります。

それは、**視野が狭くなっているときほど、ノートは大きくしよう!** ということ。

小さなメモに書くより、手帳サイズ。手帳サイズよりA4サイズ、A3サイズ……と、紙面を大きくすればするほど、気持ちが大きくなり余裕が出てきます。

もっと言うと、ノートをやめてコピー用紙を使ってもOKです! 私は、なんと模造紙に書いたこともあります。目の前に模造紙を広げて、自由に書く様子を想像しただけで、気分が変わってきませんか？

もし普段、小さめノートを愛用されていたら、「頭がパンパンなときは大きなノートや紙に書く！」ということだけ覚えておいてくださいね。

デザインが好きで買ったのに、書きはじめると、リングが手に当たるのが気になる……。ページが多すぎて、ノートに飽きてきた……。中面のイラストや地色に気分が上がらなくなってきた……。

そんなときは、思いきってノートを変えましょう！　ノートは一番大事な文房具。我慢して使い続けても、気分が落ちてしまいます。私はノートを見るたびに、なんだか気持ちがのらないなと思って、2ページ使っただけでノートを変えたこともあります。

2

行動が進む！　ペンの選び方

ノートとセットになるのが、ペンですね。こちらも、あなたの気分が上がるペンを選ぶのが一番！

とはいえ、ペン選びは簡単なようで、実は奥が深いです。ノートと同様、いろんなペンを試しながら、お気に入りを見つけてみましょう！

ペンの選び方

まずは、今、あなたが持っているペンで書いてみましょう。

いかがでしたか？　心がときめきましたか？

私がスケッチブックに書きはじめる前は、いつものボールペンやシャープペンシルを使っていて、黒1色で書いていていました。それが、スケッチブックやお気に入りのノートを選ぶことで、自然にペンも、色数も変わりました。

気分が上がる文房具を選ぶことで、すごろくノートもどんどん進みます。すごろくノートが進むと、行動もどんどん進みます。だから、夢を叶えたり、目標を達成しやすくなるのです。

あなたの心がときめいて、気分が上がるペンはどんなものか？　こんな点をチェックしてみてくださいね。

・色

黒1色より、見た目がカラフルだとテンションが上がる！　というタイプの人は、色はとても重要なポイント。お気に入りのカラーペンを探してみましょう。

また、いつもならお気に入りの色でも、そのときの気分や書く内容などによって、ペンの色を変えるのもオススメです。色は気持ちに影響されます。なにかしっくりこないと思ったら、思いきって色を変えてみましょう。書くときに心地よいことが何より大事なことです。

たとえば、気持ちが弱っていて強い色を見るのがしんどいときには、柔らかい色に変えたり。ノートの下地に色がついている場合、ペンの色とノートの色の配色が気になって書きづらくなったり。書く瞬間に、「今はどの色で書きたいかな？」と自分に聞いてみてくださいね。

全部、黒色で書いたあとに、カラーペンなどで装飾することもできますよ。

・太さ

ペンの太さにこだわりがある人も多いですね。字が小さい人は太いペンで書くと字が潰れてしまうといいます。

細いほうが好き！　0・38ミリのペン先が好き！　という人もいれば、カラーペンのように太いほうが好き！　な人もいます。これも自分のお気に入りを見つけてみてくださいね。

1つお伝えしているのは、頭がパンパン状態のときには、ペンを太くすればするほど気持ちに余裕が生まれる、ということ。細いペンよりカラーペンや太いマジック。

子どものときに握って描いていたクレヨン。とにかく、ペンが太いと字も自然に大きくなっていくので、視野が広がります。なんだか頭も心もいっぱいいっぱいだな、と感じたときに思い出してもらえたらと思います。

・書き心地

ノートが変われば、書き心地もちがいます。文房具店でペンを試し書きするときは、自分のノートで試すことをオススメします。もし、ノートが変わって書き心地が悪いなと思ったら、ペンを変えてお気に入り度を上げましょう。

ノートによっては、裏うつりが気になることも。気になるときは、そのまま妥協しないこと。思いきって、ペンかノートを変えましょう。

すごろくノートにオススメしないペン

すごろくノートにはオススメしないというペンを1つ、あえてお伝えしておきます。特にすごろくノート初挑戦の方にはオススメしていません。

それは……「消せるタイプのペン」です。
きっと、誰もが1本は持っているのではないでしょうか？　私も、普段の仕事では大活用していて、大好きなペンです。

すごろくノートの大きな特徴は、脳内会話をそのまま全部、記録すること。もはや、「書いている」というより「話している」感覚のほうが近いかもしれません。「頭の中がおしゃべりで、書くのが追いつかない！」となっていたら、素晴らしいです！　逆に、「これは書いていいのかな？」などと考え込んでしまうと、ペンは止まってしまいます。

文字を書きまちがえたとき、消して修正できるペンはとても便利ですが、そこで思考を止めてしまいます。また、まちがえて消すということを繰り返すうちに、「まちがえないように書かなきゃ」と思ってしまう人が多いのです。

すごろくノートは、「正しく」書くことより、「きれいに」書くことより、**「ありのまま全部」書くことが大事。**

もしまちがえたら、二重線を引いてもいい。ぐちゃぐちゃにしてもいい。「まちがえちゃった〜！」と頭の中で思ったとしたら、「まちがえちゃった〜！」とそのまま書く！　これが加速する一番のポイントです。

書きまちがい以外にも、書き直したくなることがありますよね。ペンが太すぎたり、色が気に入らなかったり、ペンがかすれてきたり……。そんなときも、消して訂正しようとしないこと。
「ペンが太すぎる！」「なんか、この色やだなー！」「インクが出なくなってきた……」というように、頭の中の会話をそのまま書いてしまいましょう。

3

自分をほめたり応援できる！
スタンプ・ハンコ・シール

すごろくノートのデコレーションは、ノートを書くための気持ちを高めたり、楽しく続けるための工夫のひとつ。「カラフルだと楽しくて気持ちが上がる！」「かわいい文房具が好き！」というあなたにオススメです。

「シンプルなのが好き！」というあなたは、無理にデコろうとしなくて大丈夫ですよ。たかがデコレーショングッズ、と思うかもしれませんが、使ってみると、その効果がわかります！　ノート選びと同じくらい、大事なアイテムです。

・自分で自分を認めることが苦手
・自分で自分をほめるのが苦手

・がんばってもがんばっても、達成感が少ない
・モチベーションが下がったときに、なかなか切り替えられない

今、「私のことだ！」と思ったあなたにとって、スタンプやハンコは最強の味方になってくれるはず。いろんなアイテム探しを楽しんで、自分の気分が上がるアイテムを見つけてみましょう！

本項と次項では、オススメのデコ・グッズとオススメポイントをご紹介します。

セリフつきのスタンプ・ハンコ・シールがオススメ！

デコ好きの人はもちろん、シンプル派の人でも、スタンプ・ハンコ・シールは全員にオススメしています。

特に、**セリフつきのスタンプやシールはモチベーションが上がりますし、行動した後にスタンプを押すと、誰かにほめられた気分でとてもうれしくなります！**

子どもの頃の習い事や、夏休みのラジオ体操を思い出してみてください。先生に

「よくできました」と、スタンプを押してもらったときと同じですね。

また、なかなか行動が進まないときにスタンプを押すと、応援してもらえた気分になって、「がんばろう！」という気持ちになれますよ。

このモチベーションアップの効果は、スタンプの大きさやイラスト、メッセージによってても変わるから不思議です。ぜひ、いろんなスタンプを試してみてください。

あるとき、苦手なタスクを達成したときのこと。いつものスタンプを押すだけでは満足できなかった私。そこで、お気に入りの「大きい」スタンプを押したところ、大きい花マルをもらったようなうれしい気持ちになって、自分でも驚きました。

また、大きなスタンプでも満足できないときは、数を増やすこと！　スタンプ1つよりスタンプ2つ、3つ、4つ。押せば押すほど、うれしくなるときがあります。そんなときは、これでもか！　と気がすむまで押して、いっぱい自分をほめましょう。

スタンプ1つで、気持ちが切り替わったり、モチベーションが上がったりするのです。ぜひ、子ども心を思い出して、**自分がうれしくなるスタンプ**を探しましょう。

スタンプ・ハンコ・シールはあなたの好きなものを見つけるのが一番のポイント。

「昔、シールを集めていたんです。やっと使い道が見つかりました！」と、たくさんのシールを見せてくださった人もいます。

私の場合、ハンコやスタンプはセリフつきのものを愛用していて、柄も大きさも種類を豊富にそろえています。気軽に持ち歩けるので、朱肉つきのシャチハタスタンプもお気に入りです。シールは専用の収納ファイルに入れて管理しています。

ぜひ、あなたの気分が上がるものや、あなたの気持ちを代弁したり応援してくれるものを探してみてくださいね。

お気に入りのスタンプやシールでデコろう！

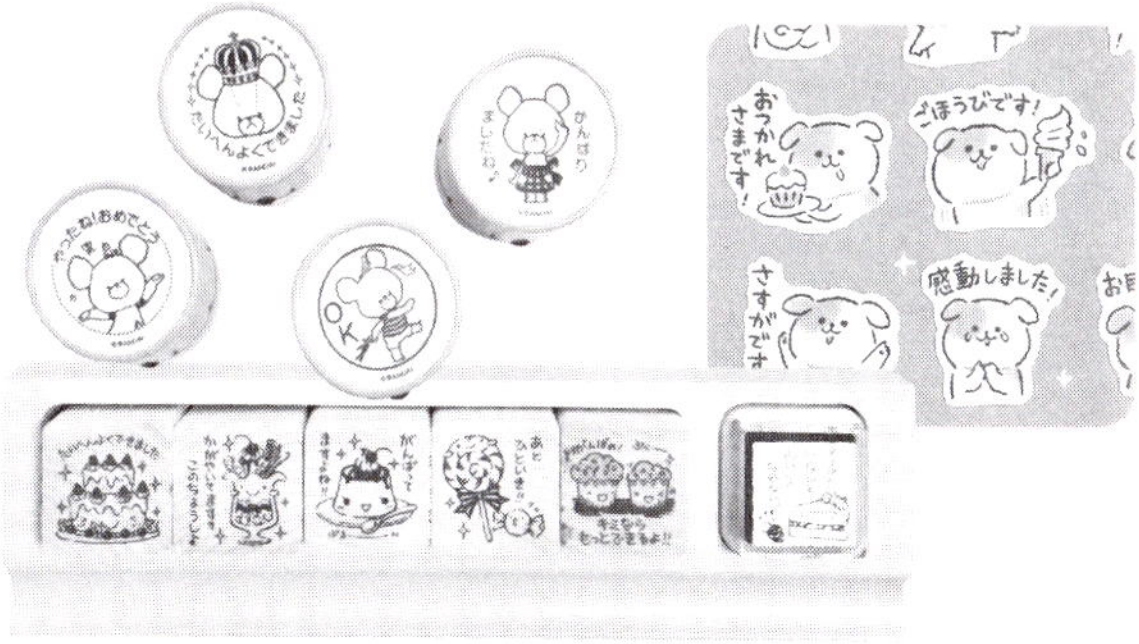

自分の気持ちを代弁したり、応援してくれるコメントつきがオススメです！

4

すごくノートがかわいくなる！マスキングテープ

マスキングテープは愛用者の多い文房具です。今では１００円ショップでも、かわいいものが登場しています。

マスキングテープは、ただノートに貼るだけでも、真っ白なノートをデコレーションできる優れもの。私は「**ただノート下に貼るだけ！**」の使い方が気に入っています。

マスキングテープはデコレーションが苦手だったり、時間がないときにはとても便利なアイテムです。むずかしいことを考えず、真っ白なノートの下に一直線にラインに貼るだけ。それだけでノートが華やかになり、自分のお気に入りのノートに近づいて気分が上がります。

また、気分によってマスキングテープを選ぶのも、楽しみのひとつ。マスキングテープ売り場に行くとわかるのですが、種類が豊富で選ぶのに困るほどです。季節もの、限定もの、キャラクターものなど、自分の好みや気分に合わせて使い分けることができます。「いつもはお気に入りだけど、今日はこの気分じゃない」「元気がないから、マスキングテープでモチベーションを上げたい！」というように、朝のはじめに今日はどれにする？　と選ぶことで、自分の状態を知るきっかけにもなりますよ。

家にたくさんあるのに、かわいくてなかなか使えずにいる……という場合は、このすごろくノートがどんどん使えるチャンスです！　想像してみてください。かわいいキャラクターのマスキングテープも、ただ巻きつけられたまま家で眠っているよりも、ノートにきれいに貼られてデザインが見えて、「かわいい！」と言ってもらえるほうが喜んでくれると思いませんか？　まず1ページ、貼ってみましょう！

持ち運びに便利な「マステ巻き巻き」

一方で、いろんな種類のマスキングテープを使いたいけれど、たくさん持ち歩くのはかさばってしまう……。こんな困りごとも出てきます。
　そんなときに、文房具好きのアイデアから人気になったのが「**マステ巻き巻き**」です。私もワークショップ参加者の方から教えていただきました。

　使用するのは、園芸用のピック。プランターに「トマト」「ピーマン」などと名前を書いて土に刺しておくものですね。これにマスキングテープを巻きつけるだけ。プラスチック素材なので、不器用さんでもきれいに巻けます。

マステ巻き巻き

マスキングテープを園芸用のピックに巻きつければ、いろんな種類をラクラク持ち運べます！

1本のピックに複数の柄のマスキングテープを巻きつければ、ペンケースなどに入れて、いつも数種類を持ち歩けて便利ですよ！

たくさん種類がほしくなるけど、使い切るまで時間がかかるマスキングテープ。私が主催しているオフ会では、参加者同士で「マステ巻き巻き」をプレゼントしたりすることがあります！

Chapter

3

「すごろくノート術」実践編

――すごろくノートの書き方 5つのステップ

1

【すごろくノートの書き方①】

1マス目はポジティブに「○○したい！」からはじめよう

お気に入りのすごろくノートとペンが見つかったら、早速書いてみましょう！

ワークショップではコピー用紙で5分間練習をしますが、みなさん、初めてすごろくノートを書くのに、ペンが止まらなくなるほどです。あなたも、たった5分でスイスイと書けるようになりますよ。

すごろくノートの手順は5ステップです。

①１マス目はポジティブに「○○したい！」からはじめよう

②１マス目を見て頭に浮かんだ脳内会話をどんどん書こう

③ 理想のゴールや叶えたいシーンを妄想してみよう
④ 今からできる小さな一歩（行動）を書いてみよう
⑤ 行動したことを記録したり、次の行動を書き進めよう

この5つのステップを1つずつ解説していきます。順番に書いていけば大丈夫ですよ！


すごろくノートの最初のポイントは、1マス目の書き方にあります。

ある日、お客さまからこのような相談がありました。

「宿題を終わらせないと……と思って、すごろくノートを書いています。でも、書いても書いてもなかなか答えが見つからなくて、だんだん落ち込んできました」

彼女のすごろくノートを見ると、スタートのマスには「宿題終わらせなきゃ」と書いてありました。

そして、「宿題終わらせなきゃ」に続いていたのは、こんな言葉たちでした。

「宿題終わらせなきゃ」↓「あー、全然進んでない」↓「あの人は進んでるのに、私はなんで進まないんだろう」↓「そういえば、他のこともできていないことあるし」↓「わーーーー進んでないことばっかり」↓「麻衣子さんに相談したらいいのに」↓「でも、こんな状態で相談できないな」……

「宿題終わらせなきゃ」とつぶやいた瞬間、どんな気持ちになりますか？　想像してみてください。

1マス目のスタートを「〇〇しなきゃ」という言葉ではじめると、意識が「できていない」に向けられます。すると、無意識にできない理由を探しはじめたり、人と比較したり、さらには他のできていないことまで思い出してしまうのです。

「できていない」がいっぱい見つかってしまうので、気持ちが落ち込むのは当然のことですよね。

このとき、私が彼女にアドバイスをしたのは、たった一言だけです。

「『宿題終わらせなきゃ』のスタートを、『宿題終わらせたい！』に変えてみてね」

その後、彼女にどんな変化があったでしょうか？

新しいスタートではじめた彼女のすごろくノートは劇的に変化したようです。

「スタートを変えたら、1ページ埋まる前に気持ちが整理されて、やるべき行動が見えてきました！」

「まず何をしたらいいかが見えて、やる気もどんどん出てきて、ホッとしました！今までと全然ちがいます！」


「宿題を終わらせる」という目標は同じなのに、言い方を「終わらせなきゃ」ではなく「終わらせたい」としたことで、「宿題を終えてホッとしたい！」という理想のゴールがイメージできたようです。

「なりたい自分」が見えてくると、自然に「どうしたら、宿題終わるかな？」という前向きな質問がたくさん出てきたようです。たった一言のアドバイスを実践して、変化した彼女がすごいですね。

すごろくノートのスタートのポイントは、頭の中で「○○しなきゃ」と思っていてもいいので、ノートには「○○したい！」という形式で書くこと。たったそれだけで、脳に「○○したい！」という指令が出て、会話が激変します。

ゲーム感覚で、ポジティブスタートに転換する練習をしてみましょう。

・ダイエットしなきゃ→ダイエットして、タイトスカートでデートしたい！

・片づけしなきゃ→

片づけができて、わが子の誕生日パーティーにお友達を招待したい！

・勉強の時間とらなきゃ→朝と夜の通勤電車の中で、勉強時間をとりたい！

・プレゼント買わなきゃ→プレゼントを買って、喜んでもらいたい！

・企画書完成させなきゃ→企画書を完成させて、気持ちよく週末を迎えたい！

はじめは慣れないかもしれません。「○○しなきゃ」と頭に浮かぶたびに、言葉づかいを「ポジティブ転換」するゲームと思って意識してみましょう。

「○○しなきゃ」の思考の場合

あー
時間つくらなきゃ

△△もできてない
□□もまだだ…

課題
しなきゃ

ああ、いつも
先延ばししてる…

「○○したい!!」の思考の場合

終わらせたら
土日もゆったり
リフレッシュできる♪

いつ時間とると
いいかな？

課題終わらせて
あの映画観たい!!

カフェで集中して
するのもいいかも！

2

【すごろくノートの書き方②】

1マス目を見て頭に浮かんだ脳内会話をどんどん自動書記しよう

すごろくの1マス目に「○○したい！」と書いたら、2マス目以降は頭の中や心の中に浮かんでいる会話をどんどん、自動書記していきます。

「脳内会話を自動書記しよう」と言われても、「どんなふうに？」となりますよね。

安心してください。これまで書いてはこなかったとしても、どんな人も脳内会話の経験はあるはずです。それは子どもの頃から、大人になった今でもずっと。


たとえば、「ダイエットしたい！」と心の中でつぶやいたら、すぐに自分で自分にツッコミが入りませんか？

すごろくノートでは、そのツッコミに返しながら会話がはじまっていきます。

「ダイエットしたい！」↓「また書いたね」↓「だって、ダイエットしたいんだもん」↓「そうだよね。でも、いつも言ってるよね」↓「今回は本気なの！」↓「ふーん（遠い目）」↓「で、今回はどうなりたいの？」↓「やせて、彼に『キレイになったね』って言われたい」……

特にダイエットのすごろくノートは、厳しめのツッコミが飛び交うのが女性の共通点かもしれません。それは、これまで何度も挑戦したり、挫折したりした経験があるからですね。

この頭の中で「天使と悪魔」のようにケンカする会話を、そのまま一字一句ノートに「自動書記」していきます。

あえて「自動書記」と言っているのは、脳内のおしゃべりを頭で判断せずに、ただただ書いてほしいからです。

「え？　そんなことノートに書いていいの？」「こんなこと書くの恥ずかしいな」と思ったとしても、そのまま書くこと！　自分のノートの会話を見て思った「つぶやき」さえも、全部書いていくのです。「気がついたら、ノートが頭の中のような状態で、ノートと会話しているみたい！」という状態が理想的です。

ここで、自動書記のコツをいくつかご紹介します。コツをつかんだら、おもしろいほどスルスル書けて、脳内おしゃべりに追いつかない、というくらい書けるようになりますよ。

①話し言葉を「そのまま」記録する

きちんとした内容、まとまった内容を書くのではなく、会話レベルをそのまま書いて記録します。「脳内ダダ漏れ状態」がすごろくノートの特徴です。「話し言葉そのまま」でOKなので、私は関西弁丸出しとなります。あなたも、あなたが普段おしゃべりしている会話を「そのまま」記録するイメージで書いてみてください。

頭の中の言葉と、ノートの言葉がまったく同じ状態になっていたら正解です。

②会話の「つなぎ」を省略しない

会話をそのまま書くとなると、会話と会話の「つなぎ」部分も書くことになります。たとえば、「えっと」「でも」「なんだっけな」「そうそう！」「確かに」「だとしたら……」「あれは……」。

こんなふうに、「それも書くの⁉」と思われるような、つなぎも全部書いてください。「あ！」「ん？」「わー！」「え？」のように1文字でもいいんですよ。

このつなぎを省略してしまうと、たちまちノートの中はかっこつけたものになり、ペンが進まなくなります。逆に、つなぎも書くことに慣れたら、もう止まらなくなるはずです！

③1文字・記号・イラストでもいい

「あ！」「ん？」のように1文字でもいいという話をしましたが、究極を言えば「記号」でもいいのです。

大人でも驚いたとき、うまく言葉にならないことありますよね。そんなときは、脳内ではどんな状態でしょうか？

「！」「？」「!?」など、こんなふうに記号しか浮かばなかったら、その記号のままマスに書きましょう。私もこの本の出版が決まったとき、言葉にならなくて、まさに「！」が脳内を飛び交っていたので、そのまま書きました（笑）。省略せず記号のまま書くことで、リアルな脳内会話となり、次の言葉が出やすくなります。

絵を描くのが好きな人は、簡単な顔文字や涙マーク、ハートマークなど、簡単なイラストを描いてもいいですね！　上手に描く必要はまったくありません。あなたの気持ちを思いっきり表現してください。

④グチ・ぼやき・つぶやき・ネガティブもOK

ありのままリアルに書記するということは、ポジティブな内容だけじゃなくてもいいということです。ゴールをイメージするのに大切な1マス目さえポジティブな言葉で書くことを心がければ、OK。あとは、人には言えないようなグチ・ぼやき・つぶやきなど、ネガティブと思う気持ちもどんどん書いていきましょう。書くことで、気持ちを吐き出しているのと同じ効果がありますよ。

ここも我慢してしまうと、ノートにかっこつけたものしか書けなくなります。そうすると、ネガティブな感情が抑えつけられて、後々に爆発してしまいますよ。言葉に出せない気持ち、人には言えないこと、SNSにも書けないこと……。ノートはあなただけのものです。自由に何でも書いていい！　そう自分に許可をあげてくださいね。止まったら、「止まったー‼」と、そのまま書いていいんですよ。

⑤ツッコミ大歓迎！

ダイエットの事例で大活躍したように、「ツッコミ」は大きな役割となります。ツッコミを入れることで、それに答えようと新しいセリフが生まれて会話がどんどん進んでいくからですね。

「麻衣子さんは大阪出身だから鋭いツッコミができるけど、私にはむずかしい」と言っていた人から、ノートに「ツッコミ担当キャラ」を登場させた瞬間、ツッコミがどんどん上達した、という報告をいただきました。彼女はツッコミ担当として、明石家さんまさんを登場させたみたいです（笑）。

自分でむずかしい場合は、ツッコミ担当キャラをつくって、「○○さんだったら、どうツッコミそう？」と考えると、なりきりツッコミがうまくなりそうですね。

⑥きれいに書かなくていい

最後に大切なことは、ノートはキレイに書かなくていい、走り書きのほうが自動書記に向いているということです。特に、きれいに書こうと思うと手が止まってしまう、ハードルが上がってしまうという人は「きれいに書く」ことを手放してください。

まずはハードルを下げるために、コピー用紙を用意して、「5分」と時間を決めて、太めのペンで書いてみるのもオススメです。太めのペンでは細かい字をきれいに書くことがむずかしくなるので、自然と字が大きくなり、気にならなくなってきます。

すごろくノートは夢を叶える・目標を達成する・ゴールを迎えるためのノート。誰に見せるわけでもないので、きれいに書く必要はないのです。

ツッコミもグチも書いちゃってOK！

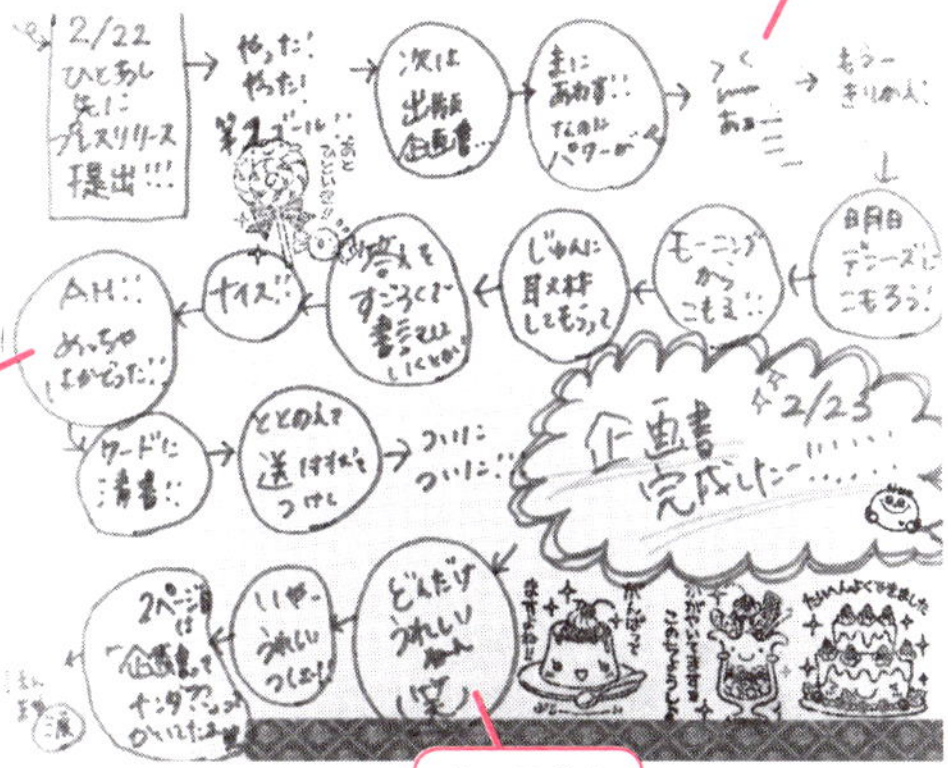
グチ・ぼやき・ネガティブOK!
話し言葉
そのまま
ツッコミ！

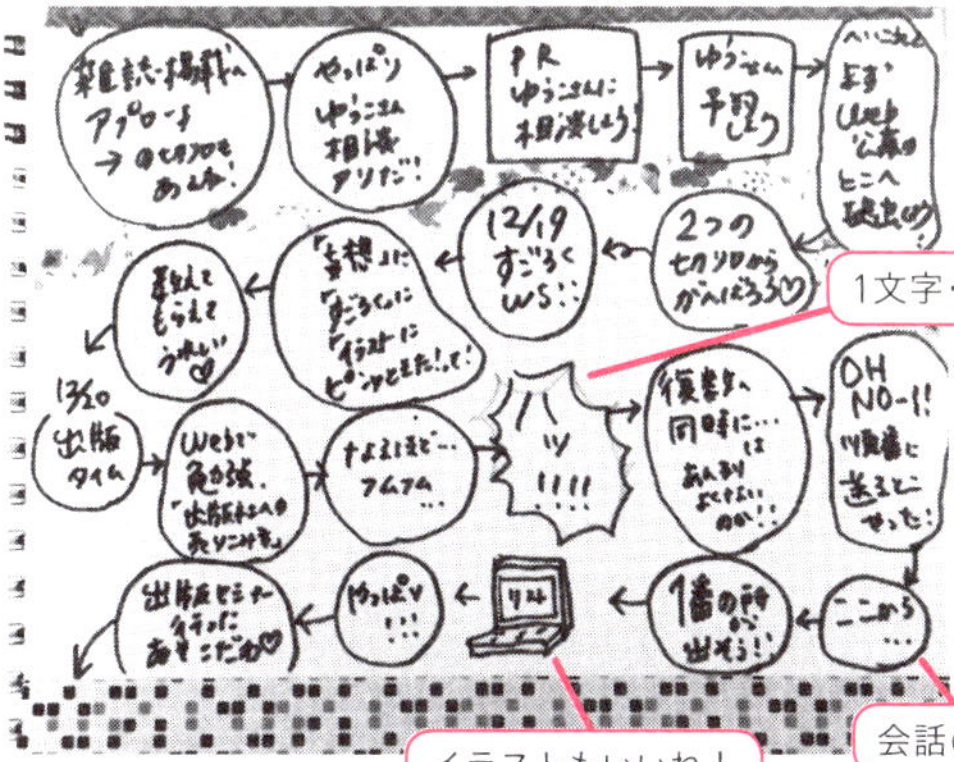
1文字・記号もOK!
会話のつなぎ
イラストもいいね！

3

【すごろくノートの書き方③】

理想のゴールや叶えたいシーンを妄想してみよう

ポジティブなスタートを決めて、脳内会話をどんどん自動書記していく！ これですごろくノートをどんどん書き進めていけますね。3番目は、書き進めていく中で一番大事なポイントです。

いつもの脳内会話のままだと、話していることが行ったり来たりして答えが見えなかったり、だんだんと自分を責めてしまって落ち込んでしまったり……ということが起こるかもしれません。

特に大人になればなるほど、自分に厳しいツッコミをしはじめる人が多いのです。「○○したい！」と書くと、すかさず「そのためには何をする？」「なんで行動しないの？」「いつやるの？」「結局、無理なんじゃない？」というふうに。

これだと、せっかくポジティブな気持ちになっても意気消沈してしまいます。書くことが楽しくなくなり、つらくなってくるかもしれません。そんな状態では、夢や妄想はすぐ、しぼんでしまうでしょう。

すごろくノートでスイスイと夢や目標を叶える秘訣は、**「理想のゴールや叶えたいシーンをとことん妄想することからはじめよう」**です。

現実的にできるかどうかは、いったん横に置いておいてください。あとでちゃんと考える時間をとれますので、安心してくださいね。まずは頭であれこれ考えずに、自由な発想でイメージしてみましょう。

ノートの中はあなたの頭の中で自由な世界です。ノートを見せなければ、誰にも邪魔されない、誰にも反対されない、誰にもバレないので安心・安全です。

子どもの頃、「大人になったら何になりたい？」と話していたときのように。「もしも、叶ったとしたら？」という、〝もしも〟話でいいんです。ワクワク、ニヤニヤしながら、自由にイメージしてみましょう。妄想スイッチを入れられるように、あなたがニヤニヤできる場所でノートを書くといいですね。

ここで私の話をさせてください。

私には、思わずニヤニヤと妄想してしまう夢があります。それは「大好きな軽井沢に移住したい」という夢です。それを実現できるかどうか、いつ移住したいのかと考える前に、まずは思いっきり妄想してみました。妄想は自由ですからね。

軽井沢は、長野県にある避暑地。昔からの別荘地でもあり、山に囲まれた自然が豊富な町です。私は、東京在住の彼と付き合うまでは、軽井沢とは無縁で訪れたこともありませんでした。仕事で東京に引っ越しをして、自然が大好きな私を彼が軽井沢に連れて行ってくれたことがはじまりです。

もともと、実家の裏が山だったこともあり、海より山が大好きです。初めて訪れて、一瞬で軽井沢のとりこになってしまいました。

それから、仕事で忙しいときでもリフレッシュするため、2カ月に1回のペースで通うようになり、大事な記念日もたくさん過ごしました。私のパワースポットとなり、結婚式も軽井沢で挙げました。

そんな私が、軽井沢に移住したとしたら、どんなシーンを叶えたいかな？　と、これまでの軽井沢の思い出も浮かべながら、とことんワクワク、ニヤニヤするシーンを妄想しました。


窓から緑がたくさん見える家で広い空間にいて……

私はロッキングチェアに座って、ゆったり揺られていて……

季節は秋で、ざっくり編みの白ニットを着て、ブランケットをかけていて……

ホットココアかミルクティーのマグカップを両手で持っていて……

部屋には薪ストーブがあって、パチパチと音が聞こえてくる……

時刻は夜の8時くらい。東京ではテレビを観ている時間だけれど、軽井沢では音楽を聴くか、音楽もかけないか……

食後のゆったりした時間を過ごしながら、私は彼に話しかける。「軽井沢も、もう秋だねぇ」と……


雑誌を切り抜いて理想のシーンをコラージュするように、これまでの思い出や見聞きした情報から、私が軽井沢で叶えたいシーンを妄想していきます。実際に体験したこと、知っていることばかりだから、とてもリアルにイメージしちゃう！　何度イメージしてもニヤニヤしてしまいます。

ここまでリアルにイメージができると、叶うような気がしてきませんか？

私は、これまでの経験から、ここまでワクワクできて、さらにリアルにイメージができたものは叶う！　と信じています。逆に、いくら叶えたいと思っても、ここまでワクワク、ニヤニヤと妄想できないと、叶いにくい。本当は、心から叶えたいと思っているものではなかったりすることが多いのです。

ニヤニヤと妄想を膨らませるコツ

ここで、叶いやすい妄想ストーリーのつくり方をお伝えします。ぜひ、参考にしてみてくださいね。

①自由に発想できる環境を用意する

会社の中、電車の中など人の目があると、なかなか集中できないですよね。意識的に、あなたがリラックスできる場所、もっとワクワクできる環境をつくりましょう。自宅なら、お気に入りのティーカップに飲み物を入れたり、音楽をかけたり、お気に入りの服を着たりして気分を高めていくと、妄想スイッチが入りやすくなります。

②5W1Hで一つひとつ情報を集めよう

ドラマのワンシーンのように、叶えたいワンシーンをイメージしてみましょう。はじめは、一つひとつの情報を集めていく感覚でOKです。

Who（誰と）、When（いつ）、Where（どこで）、What（何を）、Why（どうして）、How（どんなふうに）の5W1Hを参考に、情報を集めるのがオススメです。

そのシーンはどんな場所？　時間帯は？　誰がいる？　どんな服を着ている？　どんな姿勢？　何をしている？　どんな小物がある？　色は？　形は？　素材は？　音楽や人の会話など聞こえてくるものはある？　温かさや冷たさは？　素材の感触など

肌で感じるものはある？　等々……。

もし、まったく思いつかなければ、まだ情報が少ないだけです。まずは、情報収集からはじめてみましょう！

③集めた情報をつなげて、1つのシーンをイメージしよう

まるでドラマの主演女優になったように、集めた情報をつなげてストーリーにしてみましょう。本当に撮影をするように、台本をつくるイメージで設定していきます。

集めた情報のシーンを想像してみて、もっと増やしたい情報があれば付け足したり、修正したりしましょう。あなたがさらにワクワクして、「もう、叶えたくてたまらない‼」という気持ちになってきたら、大成功ですね！

以前、この3つの手順で叶えたいシーンを妄想してみよう！　というワークをしたとき、3人のお子様がいる女性がニヤニヤした表情で発表してくれました。

「叶えたいシーンの場所はどこですか？」と聞いたら、即答で「モンゴルの馬の上です！」。彼女の叶えたいシーンは、こんな感じでした。

場所はモンゴル。大好きな馬に乗って、広い大地で風を切って走っている瞬間。馬の乗り心地も最高。「これ絶対に叶えたいです！」と、妄想スイッチが一気に入った彼女は、その日すぐに日本で馬に乗れる情報を探し、モンゴル行きの料金を調べはじめました。心から「叶えたい！」と思ったら、誰も止められませんね！

「日本でも日常的に馬に乗りたい」という新しい目標もでき、昨年は元旦からはじめて、1年で13回も乗ったそうです！

「叶えたい！」と思っていたのに、思ったよりワクワクしない、全然イメージが浮かばない……ということもあります。そんなときは、本当に叶えたいものではなかったのかもしれません。どこかで見聞きした情報に影響を受けただけの可能性も。それを見極めるためにも、ぜひ一度、本気の妄想タイムを楽しんでみてくださいね！

4

【すごろくノートの書き方④】

今からできる小さな一歩を書いてみよう

今、叶えたいシーンが具体的に浮かんできてニヤニヤしていますか？

表情が思わずニヤニヤしちゃう！　そんな状態になるまで、前項を参考に、思いっきり妄想タイムをとってみてくださいね。

準備ができたら、いよいよ動き出します！　ひたすら妄想をして、ただ待っているだけではありません。さらに叶えるスピードを加速するためにも、本項と次項でお伝えする2つの行動で、今の過ごし方を変えていきましょう。


1つ目は、**今からできる小さな一歩を行動する**、ということ。

「いつか夢のマイホームを建てたい！」をいう夢なら、まずは住宅展示場に行ってみよう！　というように、今からできる小さな一歩を書き出しましょう。

あなたもきっと、小さな一歩で動いたことがあると思います。その後、いかがですか？　その夢は叶いましたか？　実は、行動したものの、叶うまでたどり着かないという相談が多いのです。

「いつか建てたい夢のマイホームに向けて行動してみたけれど、それっきり……」

「今からできる行動3つくらいは思いつくけど、その後が続かない」

「モチベーションの維持がむずかしい」

「行動してみたけれど、想像とちがった結果で、どうしたらいいかわからなくなってしまった」

実は、小さな一歩の行動のつくり方にもポイントがあるのです。あなたの行動をふり返りながら、チェックしてみてください。

夢が大きく、目標が高いほど、小さな一歩（行動）を見つけることはむずかしいはずです。すごろくノートは「行動だけ」を書くのではなく、どんどん「気持ち」を書いていいノートです。どんな行動がいいかな？　という作戦会議中の気持ちも遠慮なく書いてみてくださいね。

「まずは住宅展示場に行く」↓「いやーいきなり？」↓「緊張するし……」↓「いろいろ聞かれそうだし」↓「ちょっとこの一歩はむずかしいな」↓「もっと簡単な一歩にしよう」↓「そうしよう！」……こんなふうに。

気持ちのマスを○で、行動のマスを□で囲んで書くと、やるべき行動が見つけやすくなってオススメです！

・あなたが「やりたい！」と思える行動なのか？

いくら叶えたいことでも、行動自体が「やりたい！」と思えるものでないと、なかなか動けなかったり、先延ばしの原因となります。頭で言い聞かせて行動するのではなく、心から「やりたい！」と思える行動のアイデアを出してみましょう。

・あなたが「できそう！」と思える行動なのか？

いくら「やりたい！」と思った行動でも、あなたにとって「むずかしいな」と思う行動はできないものです。「がんばればできる」という行動は却下してください。あなたにとって、まずは「楽勝！」でできるくらいに簡単な行動にすることが、ポイントですよ。今日、明日でできるくらいの小ささが目安です。

・あなたの「やりたい！」と「できそう！」が両方満たされる行動なのか？

最後は、あなたの「やりたい！」気持ちと「できそう！」な気持ちが両方満たされる行動なのかをしっかりチェックしてみましょう。

行動のアイデアはたくさんあります。満たされるかどうか怪しいな……と、どちらか1つでも思ったら却下。「やりたい！」「すぐできちゃう！」と思えるくらい簡単な行動をトコトン探してみましょう。どちらも当てはまったら、きっと今すぐ動けるはずです！

私が小さな一歩から行動して、夢を叶えたエピソードをお伝えしますね。

私が会社員だった24歳のとき、「結婚したい！」と思いながらも、自分からはもちろん口に出せず悶々と悩んでいました。そんなときは、すごろくノートの出番です。「プロポーズ大作戦！」と気持ちが上がるポジティブなスタートを書いて、「彼から念願のプロポーズをしてもらいたい！」という想いで書きはじめました。

そうはいっても、すごろくノートに書くのは不安や心配事ばかり。彼に聞きたいことは山ほどあるのに、直接聞くなんてハードルが高すぎて、まったくできる気がしません。

友人に相談すると、「ウェディング雑誌をテーブルに置いておく」「友達が結婚するみたいだよと言ってみる」とたくさん行動のアイデアは教えてくれたけれど、当時の私にはハードルが高くてできる気がしませんでした。

他の人にとってはワクワクしたり、簡単にできそうと思える行動でも、自分にとってハードルが高い行動は、「やりたい！」とは思えません。そこで、どうしたかというと、私が「やりたい！」「できそう！」と思える行動を、どんどん小さく簡単にしていきました。他人から見ると、遠回りに見えるかもしれないけれど、行動できないほうがよっぽど遠回りですからね。

たとえば、

私のプロポーズ大作戦すごろくノート

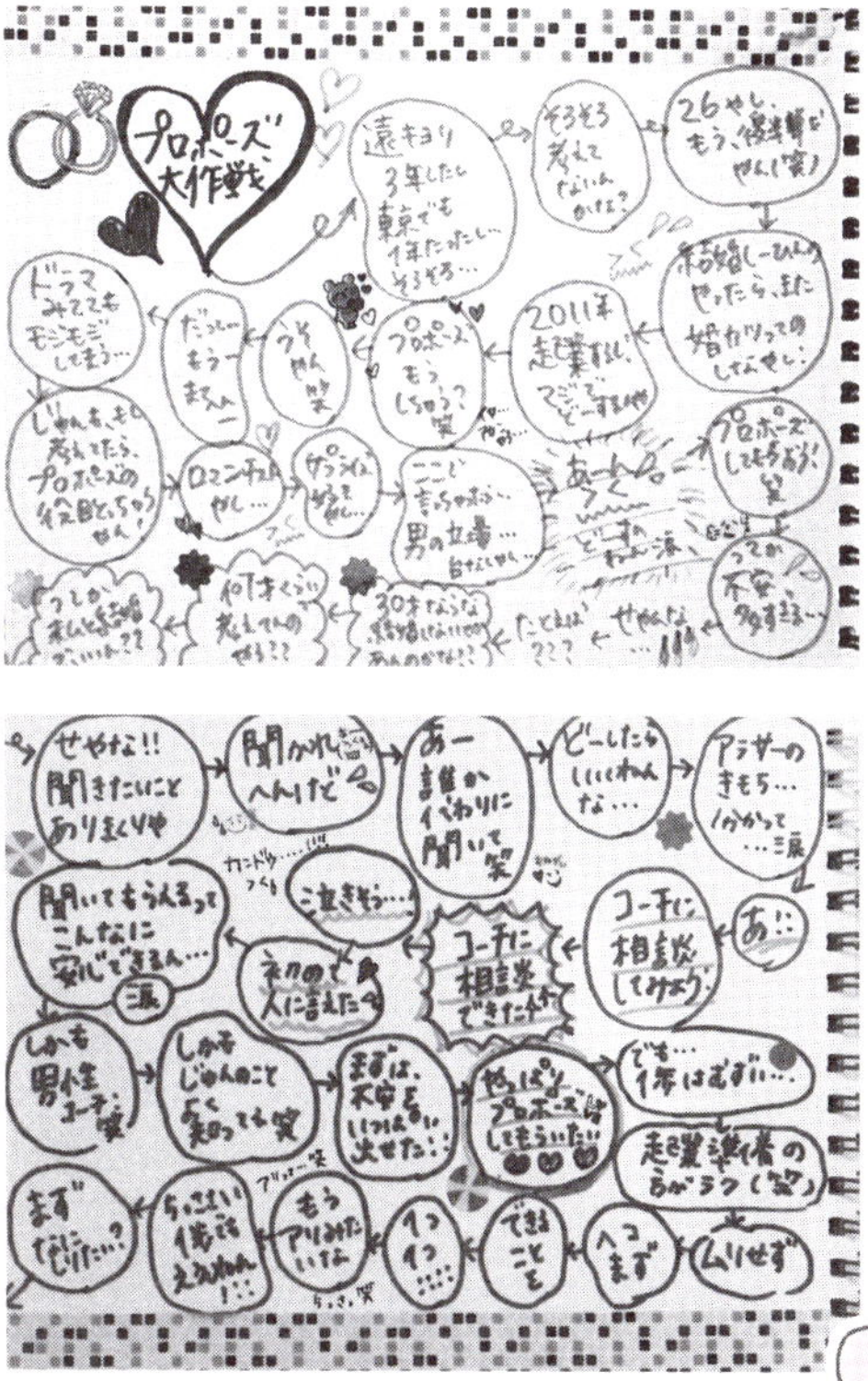

不安や心配事だらけだったので、とにかく
小さな行動をたくさん書き出しました！

・彼に聞けるものなら聞きたいリストを全部、書き出してみる
・その中で、まずは何を聞きたいのか、考えてみる
・思い出の場所にデートしようと誘う
・結婚を飛ばして、50代・60代の理想の過ごし方の話をしてみる

どれも私にとって「これなら、できそう」「やりたい！」と思った行動です。

行動したら、その結果も、さらにその次の行動の作戦会議も、すごろくノートに書き進めていきました。そのときの気持ちも、得られた情報も、失敗も、全部すごろくノート1冊にまとめて、ゴールをめざしていく。

プロポーズ大作戦が成功するまで、ひたすら書いては行動、書いては行動の繰り返しでした。

大人になればなるほど、素直な気持ちを忘れがち。子どもに戻ったように「本当にやりたい?」「本当に簡単にできそう?」と自分に聞いてみてください。

他の人にとって「簡単かむずかしいか」ではなく、「あなた」にとってどうか? が大事なのです。あなたの得意な行動を見つけることができると、誰に頼まれなくてもスイスイ動けちゃうはずですよ!

5

【すごろくノートの書き方⑤】

行動したことを記録したり、次の行動を書き進めよう

どんなに小さな一歩でも、何か行動をしたら、すごろくノートに記録しましょう。行動した内容を書きとめたり、スタンプを押したりして、「行動した自分、えらい！」とほめてあげてくださいね。そして、また次の行動を書き進めて、ゴールまでつなげていきましょう。

「行動したことを記録しよう」というと、行動だけを書いていくイメージが湧くかもしれません。それだと、「なんか難しそう……」「いつもと変わらなそう……」と感じませんか？　残念ながら、行動を記録するだけだと、なかなか加速していきません。

行動を1つクリアするためには、作戦会議をする必要があります。また、気持ちの

変化に気づく必要もあります。気持ちがのらないときや落ち込んだときは、ただ行動リストを見ているだけだと進めることが難しいからです。

また、淡々と行動をクリアしていくだけでは加速しません。そこに「いいペースで進んでいるよ！」「よくがんばってるね！」という応援があることで、モチベーションが上がるからです。

行動した「その後」も、すごろくノートのスタートから書きはじめたときと同じく、「行動」も「気持ち」も頭の中に浮かぶまま、どんどん書いてつなげていきましょう。行動する自分と、応援したり励ましたり、時には相談にのったり、グチを聞いたりする、もう１人の自分を登場させると、どんどん加速しますよ！

また、すごろくノート書き進めなきゃ、行動しなきゃと思ったときの合言葉は「**１マスでいいから進めてみよう**」です。この１マスは、どんな１マスでもＯＫです。行動でもいい。今の気持ちを書いてもいい。なんなら、スタンプを押すだけでもいい。

たとえば、「ハワイ旅行に行きたい！」すごろくノート。行動が止まって書けないなと感じたら、ハワイっぽいシールや、ハワイ情報の切り抜きを貼ってみる。そして、

「きれいな海の切り抜きを貼ったら、テンション上がった！」「かわいいバッグのシールを貼ったら、旅行用のバッグを探したくなった！」こんなふうに、新しく浮かんできた気持ちや行動を書けば、とても素敵な一歩が進んだ！　となるわけです。

毎日書かなくてもいいので、「早く叶えたい！」という気持ちのときに、1マスでいいから進めていきましょう。気分がのったときに書くと、「5ページ、あっという間に書いちゃった！」ということが起こりますよ。無理して書くのではなく、ワクワクしたポジティブな気持ちで書くことが、叶える力を加速させるポイントです。

すごろくの次のマスを、違う日に書き進めていくときのコツは、次のとおりです。

・ペンの色を変える

1日の中でも書きはじめるタイミングでペンの色を変えることで、あとでふり返ったときに、どんな風に進めてきたのかがわかりやすくなります。

・日付を書く

長期で叶えるテーマのときにオススメです。いつスタートして、いつ叶えることができたのか？　がわかり、「たった◯カ月で叶ったんだ。すごい！」と実感できます。

ただ、私の場合、毎回日付を書くと、「ああ、前回からしばらく書けてなかったな……」とプレッシャーに感じてしまいます。なので、スタートだけ日付を書いて、あとは書きたいときにだけ書くようにしています。


ここまで、すごろくノートの書き方について、お話ししてきました。すごろくノートは、あなたが「◯◯したい！」と書いたとおり、「叶った！」「達成した！」とゴールに到達するまで、どんどん書きましょう。

長い時間がかかりそうなものは、手前に小さな理想のゴールをたくさんつくると、達成感を感じられますよ。また、**自分で行動のアイデアが出なくなったり、もっと加速したいときは「人に相談する」行動もＯＫ**です。

大切なことは、あなたの願いが叶うことです！

私は、自分やすごろくノート実践者さんの願いが叶う体験を何度もしているので、書けば書くほどゴールに近づくと確信しています。いつも、ノートが何冊になるか、楽しみながら書いていますよ。

6

こんなときどうしたらいい？
すごろくノートQ&A

ここまで、すごろくノートの書き方についてお伝えしてきましたが、どうしても進めなくなったときのために、講座などでよく聞かれる「すごろくノート術のあるある質問」にお答えします！

Q 白紙のノートがなかなか見つかりません。白紙でなくても大丈夫ですか？

はい！　大丈夫です。まずは手持ちのノートからはじめても大丈夫ですよ。
ノートを書く時間をさらに気持ちが上がるものにしたいな、と思ったら、ぜひノート探しの旅に出かけてみてください。あなたのお気に入りが見つかると最高ですね！

Q 大きな夢や妄想が見つかりません。身近なテーマでもいいですか？

もちろんです！　すごろくノートは、どんなテーマでも使えるのが大きな特徴。身近なテーマからはじめてみましょう。

「今夜の献立を決めたい」「連休の過ごし方を決めたい」「お気に入りのスプリングコートを見つけたい」など、まずは身近でワクワクと楽しめるテーマからはじめる人も多いですよ。４章の「デイリーすごろくノート」は〝今日〟からすぐに書きはじめることができます。

Q 「ダイエットに成功したい！」と書きはじめたら、どんどん自分にツッコミを入れて苦しくなってしまいました。どうしたらいいですか？

ダイエットなど、これまで挫折してきた経験があるテーマは、自分で厳しいツッコミを入れてしまいますよね。でも、安心してください。まずは本章3項を参考に、「ダイエット後の理想の一場面を妄想する」ことから、もう一度はじめてみましょう。思わずニヤニヤしちゃう一場面になっていますか？

また、ツッコミが多いときは、それ以上に「自分ほめ」＆「自分応援」セリフをたくさん書いてみましょう！

「すごろくノートの好きなところは？」と聞くと、こんな声が飛び交います。
「ノートにほめ言葉を書いていくと、それだけで勇気が出てくる！」
「すごろくノートに『自分がほしい言葉』をそのまんま書くと、他人に求めなくていいから楽！」

ノートに自分をほめたり、応援したり、自分のほしい言葉を書くと、文字として残ります。その文字を目で見て、また何倍もうれしい気持ちになったり、ホッと安心するのです。自分で自分を満たすことができると、それが「自信」になります。だから、夢が叶うスピードも加速していくのです。111ページの「1マス進めなくなったときのテッパン・メッセージ集」も参考にしてみてくださいね。

Q 1人で行き詰まってしまい止まってしまいました。脱出方法はありますか？

特に初挑戦だったり、ハードルが高めのテーマのときは、情報が少なかったり、なかなか行動が見つからなかったりしますよね。そんなときは、まずは「止まってもいい！」です。

ペンやノートをお気に入りに変えるだけで、気持ちが変わって脱出できる場合もあります。そんなことで？　と思うかもしれませんが、私自身、何度も体験しています。文房具を変えたり、ノートを書く環境を変えてみたりして、気分をリフレッシュするのも、ひとつの手ですね。

さらに、「何をしたらいいか、わからない」「お手上げ！」なときは、私は相談しやすい人にノートを見せることが多いです。他人の反応が刺激になって、アイデアが出ることもあります。

また、その内容に詳しい人であれば、具体的にアドバイスをいただけることもあります。私の初出版のときも、初出産のときも、初めての経験でわからないことばかりだったので、1人でがんばることは早々にあきらめて「たくさん相談してみよう」と切り替えました。優しく相談にのってくれる人が想像以上にいて、とてもうれしかったです。

そして、いただいた感想やアドバイスをすごろくノートに書き出すことで、「また一歩進んだ！」と自信がつくはず。「1マス進んだ私、スゴイ！」といっぱい自分をほめてあげてくださいね。

Q テーマ別に何冊もノートがあるのですか？

「ダイエット用」「お片づけ用」「勉強用」というふうに、テーマ別に分けると「専用ノート」となって、情報が1つに集まるのでオススメです。

ただ、はじめからノートを多くしすぎると、混乱したり、荷物が増えると感じる人もいます。なので、最初は「なんでも書いていい」ノートからはじめて、これは専用のノートをつくりたいと思ったときに、特別なノートを用意するのもいいですね。そのときは、ぜひＶＩＰ扱いして、お気に入りノートを選んでください！

私は、今は6冊のノートを使い分けています。「出版用」「デイリー用」「軽井沢移住用」「ダイエット用」「理想のライフスタイル用（模様替え・整理収納など）」「なんでも書いていい用」です。そのうち、「デイリー用」と、そのとき一番叶えたいテーマのノートのみを持ち歩いています。

Q すごろくノートはいつまで書き続けるんですか？

すごろくノートのゴールは、スタートで書いた夢や目標が叶ったとき。

「スプリングコートを見つけたい！」→「お気に入りのコートが見つかった！」

「もう一度、お気に入りのワンピースを着たい！」→「ワンピースが着れた！」

「出版したい！」→「出版できた！」

「軽井沢移住したい！」→「軽井沢移住できた！」

というように。

テーマによって、書くノートの量も変わってきますが、ノートの数が多い・少ないが大事なのではありません。書き続ける理由は「叶えたい！」からですよね。

ちなみに、私にとって雲の上の夢だった「出版用」ノートは、書きはじめたとき、10冊でも20冊でも叶ったらすごいな！　何冊目で叶うんだろう？　と楽しみにしていました。３冊目でお話をいただいたときは、感動と驚きで言葉も出ませんでした。

大事なことなので、もう一度。

書くことが目的ではありません。「叶える」「達成する」ためのノートです。

１マス進めなくなったときの テッパン・メッセージ集

質問編

「今、どんな気持ち？　何が気になる？」

「なんでなんで？　具体的に教えて＾＾」

「本当はどうなったらいいのかな？」

「気持ちがスッキリするまで書き出してみて」

「これまでをふり返って、できていること・よかったこと
書き出してみて」

「ノートを見返してみて！　どんな気づきがあるかな？」

「これまでと、まったくちがう一歩でもいいよ」

応援編

「1人でがんばらなくていいんだよ♪

「○○さんに聞いてみる一歩もいいね！」

「１マス進んだら、いいね！」

「すごろくのマスの数を数えてみてね。何個進んだかな？」

Chapter

4

毎日の仕事や家事・育児もはかどる！

デイリー
すごろくノート術

1

「プチハッピー」で1日を上げる！デイリーすごろくノート

すごろくノート術は夢や妄想を叶えたり、目標を達成するツールでもありながら、他にも使い方がたくさんあります。その中で人気なのが**「デイリーすごろくノート」**。日常使いバージョンのすごろくノートです。

今すぐ、叶えたい夢が思い浮かばない。

夢や目標となると、ドキドキ緊張してしまう。

もっと簡単なテーマでまずは慣れてみたい。

そんなあなたは、ぜひ、デイリーすごろくノートからはじめてみてください。

デイリーすごろくノートは、手帳や日記と同じように、毎日のスケジュールやタスク管理をしたり、1日をふり返ったり、毎日を楽しむためのノート術です。

デイリーすごろくノートの書き方は、夢を叶えるすごろくノートと大きなちがいはありません。

夢を叶えるすごろくノートの場合は、スタートが「〇〇したい！」からはじまり、ゴールは「〇〇できた！」となります。「夏休みの旅行先を決めたい！」というスタートなら、「旅行先が決まった！」がゴールですね。

デイリーすごろくノートの場合は、まず「今日の日付」から書き出して、「〇〇な1日にしたい！」と、今日はどんな日にしたいかがスタートになります。そして、ゴールは「〇〇な1日で終われた！」というマスになるように、書き進めていきます。

1日の中にも朝のスタートと夜のゴールがあります。そして、私たちは毎日、まったくちがう1日を過ごしていますよね。天気がいい日と悪い日。体調がいい日と悪い日。忙しい日とゆったりな日。落ち込んでいる日とやる気に満ちあふれている日。

また、どれだけ気持ち的にやる気があっても、家族がいると家族の予定が影響します。仕事の相手先の影響もあります。女性の場合は生理周期の影響もあります。

でも、デイリーすごろくノートを書きはじめると、毎日の自分と向き合いながら、周りにふり回されることなく、1日を充実させられるようになります。

毎日毎日、いつも100%元気でいなくてもいいんです。元気がないときは、できることや、やったことを書き出して、「1マスも進んだ！」と自分をほめてあげましょう。

・時間がない
・タスク管理やスケジュール管理が苦手
・毎日、気づいたら終わってしまっている
・先延ばしばかりで、やることが溜まっている
・仕事に家事に育児に、もう手いっぱい
・毎日、反省ばかりでしんどい

デイリーすごろくノートは、こんなあなたにぴったりですよ！

4章では、このデイリーすごろくノートの書き方をお伝えしていきます。

デイリーすごろくノートの書き方のステップは5つです。

①左上に「今日の日付」を書こう
②「今の気分」「昨日のよかったこと」など、プチふり返りを書こう
③今日の理想のゴールを決めよう
④今日のタスクを確認して、どう進めるか作戦会議を書こう
⑤タスク達成のスタンプを押して、今日の理想のゴールをめざそう

次項から、それぞれのポイントをお伝えしていきますね！

2

【デイリーすごろくノートの書き方①②】

日付・プチふり返りを書こう

デイリーすごろくノートは、まず左上に「**今日の日付**」を書きます。続いて、天気や体重を記録したり、今日の大まかな予定を書いてもいいですね。

「○○したい！」からはじめるのは、すごろくノートと同じ。スタート（日付）を書いたときに、頭の中に浮かんでいることや気持ちを、書いていけばOKです。

朝起きて、いきなり仕事モードにはなりませんよね。会社に着いても、いきなり仕事、というよりも、同僚と雑談をしたり昨日の話をしたりして、一呼吸を置くと思います。

デイリーすごろくも同じです。気持ちを書き出してすっきりクリアになってから、今日のスケジュールやタスクの確認に進みましょう。

オススメは、**「昨日のよかったこと」など、プチふり返り**を書くことです。

プチふり返りは、あなたにとって、前日にちょっとうれしかったことなどを自由に書いてみましょう。「うれしい！」「幸せ！」「楽しい！」「がんばった！」「気づきがあった！」など、ポジティブに感じたものなら、何個書いてもOKです。私はこれを「プチハッピー」と呼んでいます。

誰かと比べる必要はありません。仕事のことでもプライベートのことでも、「こんな小さなことでもいいの？」と思うことこそ、書いてみてください。


「昨日のドラマおもしろかった！」

「Yちゃんと行ったカフェかわいかった！」

「お気に入りのスカートをほめられた！」

「電車移動が全部座れた！」

「予定がスムーズに進んだ！」

「書店に行けた！」

「久しぶりにCちゃんからLINEがきた！」

プチハッピーがたくさん！の
デイリーすごろくノート

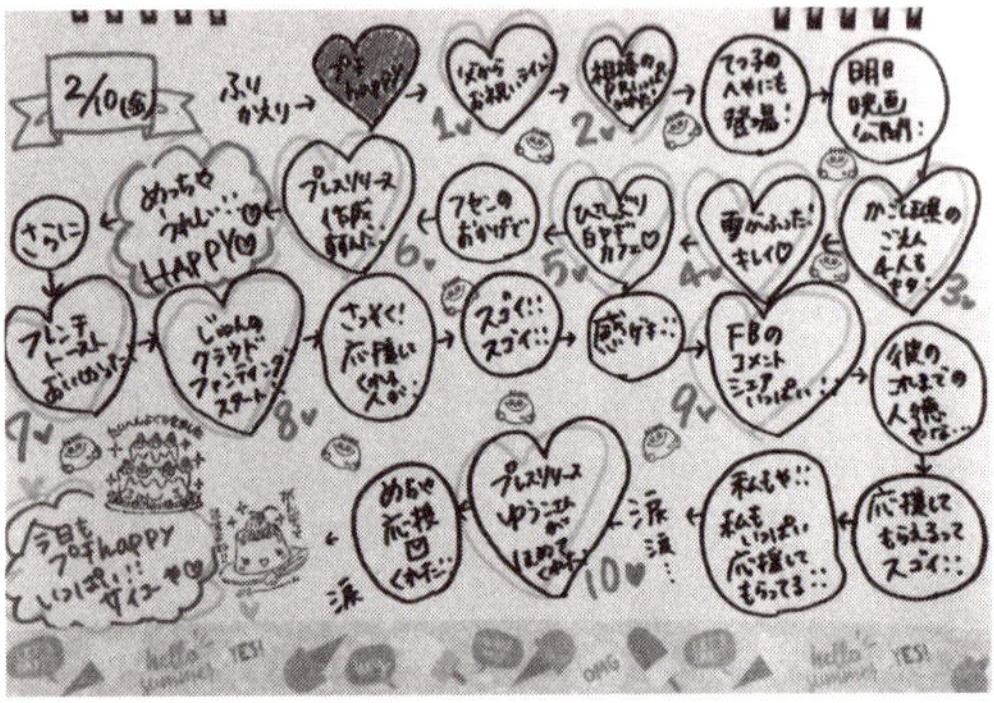

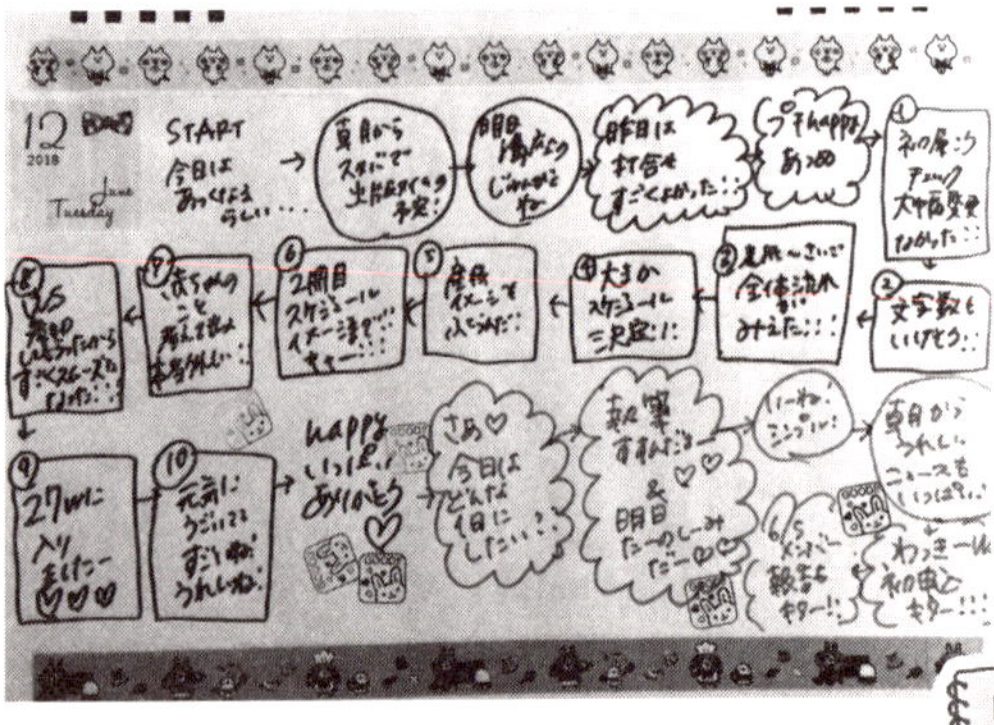

プチハッピーを見つける習慣をつけると、
毎日が変わります！

「朝、スッキリ目覚めた！」
「朝食に飲んだスープがおいしかった！」
など、プチハッピーはきっと1日に1つはあるはずです！

実は、私たちはふり返りをするときに「できなかったこと」「うまくいかなかったこと」に注目しがちです。そして、できなかったことこそ、なぜかよく覚えているものです。ほかにできていることがたくさんあったり、うれしいことがたくさんあっても、忘れてしまっています。

そうして「できなかったこと」の記憶がどんどん増えていくことで、「私はこんなにも、できていないことが多いんだ！」「やっぱり苦手なんだ！」「やっぱりむずかしいんだ！」と感じてしまうんですね。

これは、正しい記憶ではありません。

私は女性の仕事の相談にのって目標達成へ導くことが仕事ですが、一番はじめに話を聞かせてもらうのが「近況のふり返り」です。そうすると「できていないこと」「苦手なこと」を話しはじめる人がとても多いんですね。

だからこそ意識して、まずは「うれしかったこと」「できたこと」「よかったこと」から教えてくださいと伝えます。そうすると、昨日1日の中でも「よかったこと」を探しはじめて思い出すことができるんです。

「あれ？　私、こんなに昨日がんばっていたんですね！」

「あれ？　できていないことばかり考えていたけど、書き出してみたら、いいことのほうが多かったです！」

「あれ？　そういえばお客さまにほめてもらったこと、あんなにうれしかったのに、話してなかったですね！」

と、みなさん驚かれます。

大丈夫です、あなただけじゃありません。「デイリーすごろくノート」を書きはじめることで「プチふり返り」をする習慣、「プチハッピー」を見つける習慣がどんどんついていきます！　それだけで、毎日の気持ちや過ごし方が変わります。

さあ、本書を読んでいただいている今、昨日や今日1日のことを思い出してみてください。どんな小さなことでもOKです。

プチハッピー3つ、浮かんできましたか？　浮かんだら、ノートに書き出してみましょう。スマホにメモするだけでも、いいですよ。

朝なかなか時間がとれないという場合は、「プチふり返り」を前日の夜に書いておくのもオススメです。夜、ゆったりした気持ちで1日をふり返って「プチハッピー」を書くと、充実した気持ちで眠ることができるという声が多く届いていますよ。

3

【デイリーすごろくノートの書き方③】

今日の理想のゴールを決めよう

デイリーすごろくノートの書き方3つ目は、**「今日の理想のゴールを決める」**です。理想のゴールといっても、むずかしく考えなくて大丈夫です。理想のゴールは、「今日の」というのがポイントなので、毎日ちがってOKです。

毎日、体調も気持ちも100％全開でなくても大丈夫。日々の体調、天気、予定、仕事内容、家族の用事などをチェックしたうえで、あなた自身が自分で設定する「理想のゴール」です。誰かと比べる必要はないし、カッコつける必要もありません。

「サクサク仕事して、夜はビールとドラマ最終回観るぞー！」「生理2日目だから、ゆったりモードで早めに寝よう♪」など、**今日は、どんな「気持ち」で終わりたいかな？**　ということをイメージしながら、考えてみてください。

次は、私のある1週間の「今日の理想のゴールは？」です。

・月曜日：「今週もいいスタートきれたなぁ！　スッキリ！」
・火曜日：「サクサク進んで夜は入浴剤で癒されたい！」
・水曜日：「ゆったりした気持ちでホッとして終わりたい」
・木曜日：「出張がんばったー！　達成感いっぱい」
・金曜日：「企画書が完成した！　明日が楽しみ楽しみ♪」

たとえば、水曜日の「ゆったりした気持ちでホッとして終わりたい」が理想のゴールだとしたら、最後に「ゆったり」「ホッ」とできるためには、どんな1日にするかを考えます。たとえば、夜はもこもこのルームウェアで過ごす、暗めのライトにしてキャンドルを楽しむなど……。

この日は「ホッ」と終われたら理想のゴール達成。そんな1日が過ごせたら、「理想どおりに過ごせた！」と自分をいっぱいほめてあげて、充実感に浸りましょう。

理想のゴールからはじまる
デイリーすごろくノート

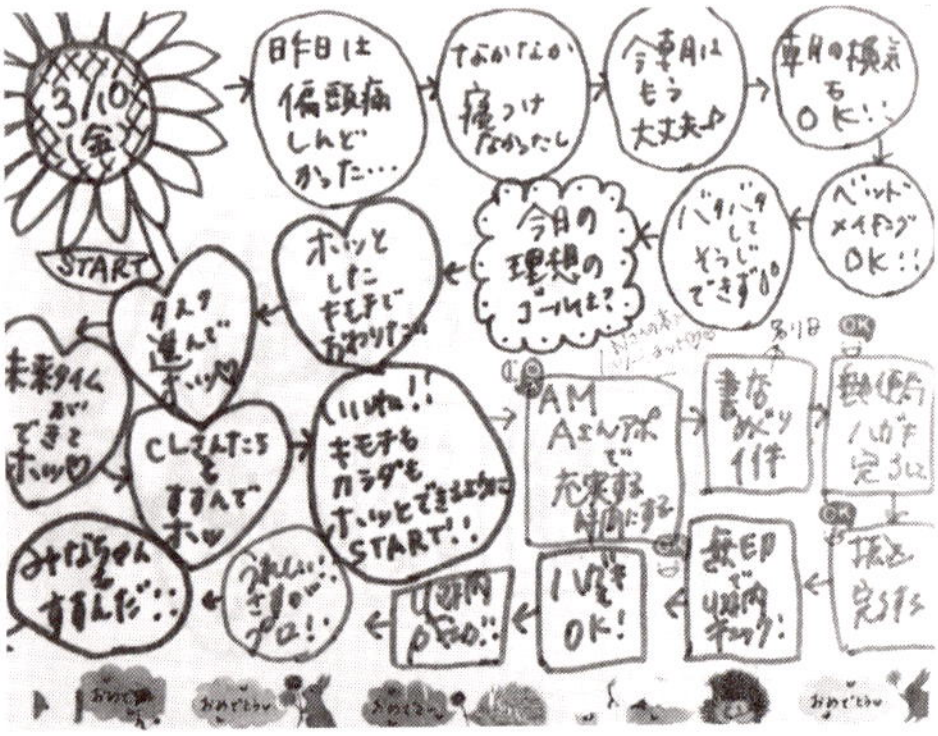

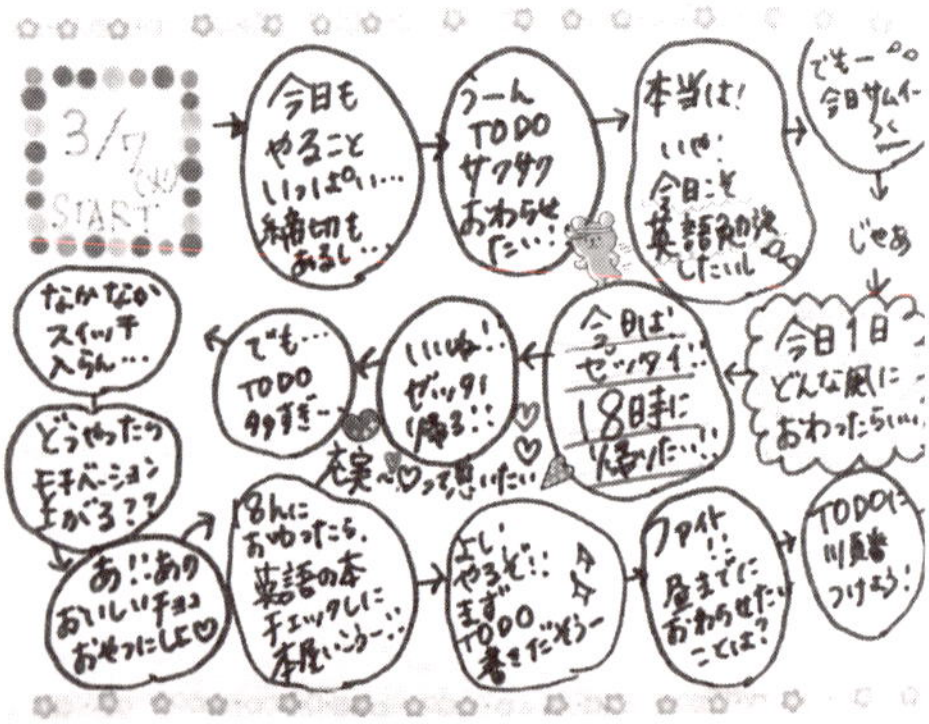

「今日はどんな気分で終わりたい?」から1日をスタートしましょう!

毎朝、自分の今日のコンディションや予定をチェックして、今日の状態に合わせて理想のゴールや気持ちを設定する。そして、自分で設定したゴールに向けて、作戦会議を立てて動く。そうすると、どこに向かって行動すればいいかが意識しやすくなります。自分で設定したことなので、自分で調整もしやすく、人と比べたり、焦ることがなくなりますよ。

タスクの優先順位も決めやすく、「今日やらない」ことを決断しやすくなります。だから、タスクの達成だけではなく、「気持ち」を大事にできますし、普通の毎日に充実感や達成感が生まれやすくなるのです。

1日の理想のゴールを自分で決めるだけで、こんなにうれしいことが起こります！

4

【デイリーすごろくノートの書き方④】

今日のタスクを確認して、どう進めるか作戦会議を書こう

今日1日の理想のゴールが決まって、ワクワクしていますか？　誰かに宣言しなくてもいいので、あなたが「今日1日、◯◯に向かって行くぞー！」とスイッチが入っていたら最高です！

それでは次に、**今日の予定やタスクの確認**をしましょう。

そして、それらを**どんな順番で行なうのか？　それとも、行なわないのか？　などの脳内作戦会議**をします。

よく質問いただくのが、手帳とデイリーすごろくノートの使い分けについて。私はこんなふうに活用しています。

・手帳

未来の予定を設定。予定を管理。

ウィークリーページでは、タスクを書き出す。スケジュール管理。

・デイリーすごろくノート

毎日の自分の気持ちやゴールを確認。1日の動きの作戦会議～達成までを見える化していく。1日の仕事の相棒。

タスクは全部書く。仕事のタスクだけでなく、手帳に書かないような家事・育児・雑務もすべて書く。

これまで、手帳術やノート術の書籍などを参考にしたりして「TODOリスト」を書き出しても、なかなか完了できなかったり、タスクがいっぱいで頭の中がぐちゃぐちゃになってしまったこと、ありませんか？（私はあります！笑）

タスク管理のポイントは2つあります。

① 1日のタスクを「全出し」する

タスクの全体量にズレがあると、時間の使い方や気持ちが変わってきます。タスクは全部書き出して、その全体量をチェックすることが1日のスタートの要です。

家事だと「洗濯機まわす」「洗濯物たたむ」「献立決める」「買い出し」「夜ご飯つくる」など。雑務だと「A社に振込」「コンビニ支払い」「住所変更の手続き」など。1日のタスクには、実は、手帳には書いていないような細かいタスクがたくさんありますよね。そんな小さなタスクを全部、書き出していくのです。

生徒さんで、こんな方がいらっしゃいました。

「今日は大きな仕事のタスクが全部で10個あったのに、なかなか進まず2個しか達成できなかった……」と、落ち込んで報告してきました。

そこで、1日のタスクを仕事、家事・育児、雑務と全部書き出してもらい、仕事のタスクも細かく分解してみました。すると、タスクは40個あり、さらに40個中32個を達成していたことが判明したのです。

今日1日、がんばっていた自分に初めて気づき、表情が一変！　自分自身をほめてあげることができたようです。「10個中2個しかできなかった私」ではなく、実は

すごろくノートでタスクの作戦会議

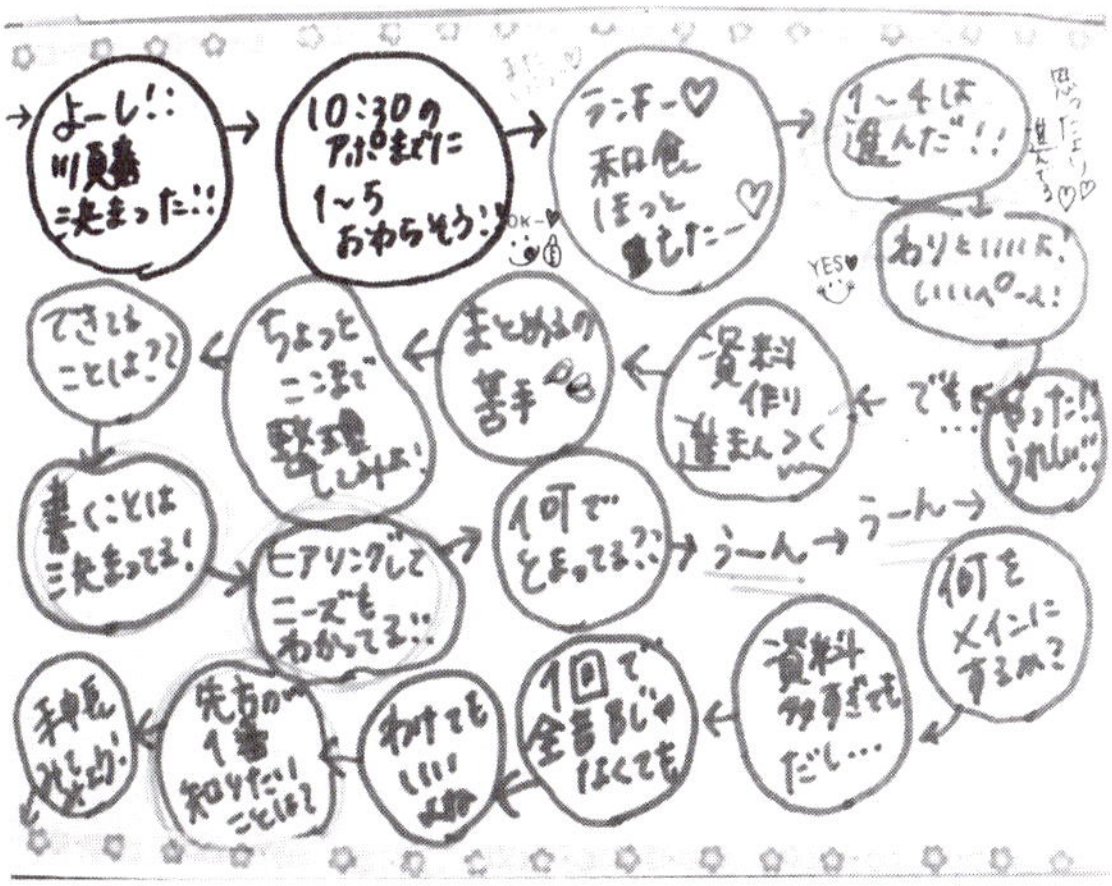

TO DOリストを全部書き出すと、たくさん達成できているはず！

「40個中32個達成した私」だったんですね。

② 頭の中の作戦会議を「見える化」する

ＴＯＤＯリストだけを書き出して、作戦会議は頭の中でエア会議をしている状態は、私にとっては、とても難易度が高いなと感じます。

本当は、すぐ達成できるタスク以外は、リストアップしたタスクそれぞれに、作戦会議が必要なはず。それに、目に見えない状態のエア作戦会議は、こんがらがったり忘れたり、優先順位の判断もむずかしいですよね。

すごろくノートの場合は、この作戦会議をすべて「見える化」していきます。

たとえば、メールの返信。メールの返信が10通あるとしたら、それぞれに優先度や時間のかかる度合いもちがうはず。すごろくノートでは「メールの返信」の作戦会議もすべて書いて見える化していくということです。

メール10通分、「誰に」返信するのか？　どの返信をどの順番でするのか？　返信のために必要なタスクは？（時間調整など）と、書き出していきます。

締切まで時間があるものや、企画書を添付するメールなど時間がかかる返信は、

「今日はどこまでのタスクをするのか？　あるいは、しないのか？」と細かく決めることもできますね。

1つのタスクにつき、細かく作戦会議を書いていくことは、手間がかかるように思われるかもしれませんが、逆です。**TODOリストをじっと見つめながら、頭の中でエア会議をするよりも、徹底的に見える化することでサクサク進んでいく**のです。

たとえば、こんな効果があります。

- **頭の中がスッキリ整理される**
- **タスク管理がシンプルになる**
- **思考回路が全部見えるから、自分の「癖」に気づける**
- **自分で自分にツッコミを入れて、1日の行動の調整ができる**
- **思ったとおりに進まなかったときや、予定外のスケジュールが入ったときも新しい作戦会議をして再スタートできる**
- **気持ちの流れもノートに残るから、達成感が増す**

私はデイリーすごろくノートをはじめて、自分のパターンや癖に気づくことができました。関西人気質だからなのか、予定の立て方がせっかちだということに気がついたのです。

さらに、できる自分でありたいという思いから、タスクを月曜日と火曜日に勝手に集中させていました。1週間全体で調整すればいいのに、タスクに余裕を見つけては、さらにタスクを追加していく。おかげで、「いつも忙しい！」と感じる毎日でした。

デイリーすごろくノートをはじめたことで、この「癖」にやっと気づけたのです。

なんと、忙しくしていたのは「自分自身だった！」という衝撃。

そこで、自分ツッコミを入れながら、デイリーすごろくノートでタスクを書き出していくと、「私は、月曜日はスタートダッシュしたいんだ」という気持ちに気づきました。そして、忙しい月曜日を過ごすせいで、火曜日はいつも疲れぎみだった、ということが判明したのです。

なので、月曜日はデスクワークに集中する1日にして、どんどんタスクを達成してスタートダッシュする日。その代わり、火曜日は少しゆったりできるようにと、自分なりのペースで1週間のバランスを整えていきました。すると、いつも忙しいと感じていた気持ちにも余裕が出て、達成感もアップしました。

タスクの作戦会議がノートに見える化されることで、自分を俯瞰することができます。まるで自分のマネージャーのような気分になってきますよ。もう1人の自分が、冷静にアドバイス&コントロールできるようになってきます。そうすると、「タスクを減らそう」「今日はゆったりペースでいいよ！」という勇気が必要そうな選択も、不安なく実行することができます。「今日はやらない」「手放す」「人に任せる」こんな見極めが自信を持ってできるようになれば、タスク管理がどんどん上達しますね！

5

【デイリーすごろくノートの書き方⑤】

タスク達成のスタンプを押して、今日の理想のゴールをめざそう

今日の理想のゴールが決まった。タスクを全出しした。作戦会議をして順番も決まった。そうしたら、いざ実行！　となります。

すごろくノートは、タスクを書き出したら終わりではありません。いざ実行！　となったあとも、1つのタスクを終わらせるための作戦会議をそのままノートに書き出したり、そのときの気持ちもどんどん書いていきます。そうすることで、その都度、思考整理が進むので、タスクの達成スピードもグン！　と上がります。

そして、達成したときには、ぜひ実践してほしいことがあります。それは、デイリーすごろくノートの達成したタスクのマス部分に、**タスク達成のスタンプを押す**こと。

私は会社員時代、よく赤色の「済み」スタンプを使っていました。もちろん、何もしないよりは達成感があってうれしいのですが、どこか仕事感覚でした。

ある日、教室講師をしている方が「生徒さんにスタンプを押してあげるとき用に、かわいいスタンプを使ってるんです」と見せてくれたのが、かわいいスイーツキャラクターのスタンプでした。ショートケーキやプリンなどのかわいいキャラクターが「キミならできるよ♪」とか、「このちょうし！」など応援してくれるものでした。

きっと子ども向けにつくられたスタンプだと思うのですが、このスタンプを試しにマネして使ってみたら、ビックリ！　どこか業務的だった「済み」スタンプとは、比べられないくらい、心がはずんでうれしくなったんです。

同じタスクを達成するなら、気持ちがどんどんうれしくなるほうがいいですよね。

この体験から、「済み」スタンプはやめて、かわいくて、自分の気持ちが上がるスタンプを集めはじめました。

「スタンプって子どもみたい！」って思うかもしれませんが、ぜひ体験してみてください。理想のゴールにたどり着くのなら、業務的に淡々と進めるよりも、楽しくていっぱいほめられながら進むほうがいいですよね。

ワークショップに参加したみなさんが、一番ほしくなるアイテムが、このスタンプです。仕事のタスクも、毎日の家事や育児も、細かな雑務も、スタンプを押して「やったね！」とプチ達成感を感じることで、毎日が劇的に変化します。

「今日も朝からすごろくノートを書きはじめて、15個スタンプ押せました！」

「私が好きなキャラクターのスタンプを見つけて、毎日スタンプを押したくてがんばれます！」

「普段ノートに書きもしない小さな家事が終わったあとに押すスタンプは、達成感がビックリするくらい湧いてきます。私、こんなにたくさん家事をこなしてるんだって、初めて気づきました」

「むずかしいタスクをやっと乗り越えられたとき、何気なく押したスタンプの『よくやったな！　がんばった！』というセリフに驚くほど励まされました」

スタンプ1つで、こんなうれしい報告をいただいています。

スタンプがいっぱい！
のデイリーすごろくノート

スタンプで「自分ほめ」の達人に
なりましょう！

ちなみに、これはスタンプでなくてもOKです。シールを貼ったり、ハナマルを書いたり、イラストを描いたり、「やったー！」など気持ちを吹き出しに入れて書いたりしてもOKです。ポイントは「あなたの気持ちが上がる！」ものですよ。

スタンプのメリットは3つ。

- **小さなタスクや重要度が低いと感じているタスクも、達成したときはしっかり達成感が得られる**
- **誰かに求めなくても、自分で自分をほめてあげられる**
- **「できた！」を見える化することで、1日の中で「がんばった自分」をふり返って見つけることができる**

特に、毎日、なんとなく過ごしていて達成感が少ない人や、できていないことに意識が向いてしまう人、がんばっているけれど、誰にもほめてもらえない人にオススメです。

私がもともと、人に甘えるのが下手で、両親や恋人にさえうまく甘えられない人だったから、よくわかります。「ほめてもらいたい！」と思っても、それってとってもハードルが高い。でも、デイリーすごろくノートなら、自分1人で自分をほめることができて、気分がぐんぐん上がります。

1人でごきげんになれるから、旦那さんにもニコニコ笑顔で「おかえりなさい」と迎えられます。作戦どおりにいかないことがあっても、思ったより進まないときも、「できたタスクも、こんなにある！」と気づくことができます。

そう、スタンプは「自分ほめ」の達人になれる魔法のツールなんです！　あなたは、どんなセリフでほめられたいですか？

6

忙しい朝や移動中はLINEすごろくとダブル使いで時短！

デイリーすごろくノートで、タスクがはかどりそう！　早速、ノート買ってやってみたい！　でも……

・出勤前の朝はバタバタしていて、朝が弱い私にできるかな？
・移動が多くて、ゆっくりノートを書く時間がとれない
・子どもが小さくて、ノートを開くとジャマされてしまう
・書くことや自分の字にコンプレックスがあって躊躇してしまう
・お気に入りのノートがまだ手元にない

こんな心配が出てきていませんか？

そんなあなたにオススメなのが、**アナログとデジタルのダブル使い**です。具体的には、すごろくノート術のデジタル版として、おなじみの無料通話アプリ「LINE」を使った「**LINEすごろく**」です！

LINEで自分1人だけのグループをつくって、ノートに書くように、行動や気持ちを見える化していくのです。


私は、このダブル使いをはじめてから、さらに夢が叶うスピードが上がり、タスク管理もスムーズになりました。ノートを使えない時間でも、頭の中を整理したり、行動や気持ちのマスを進めることができるようになったからです。

LINEの大きな特徴である「短文でつぶやく」やりとりは、すごろくノートの「脳内ダダ漏れ」にピッタリ。さらに、イラストのあるスタンプも自由に使えるので、イラストを描くのが得意じゃない私には大助かりです。

LINEすごろくの例

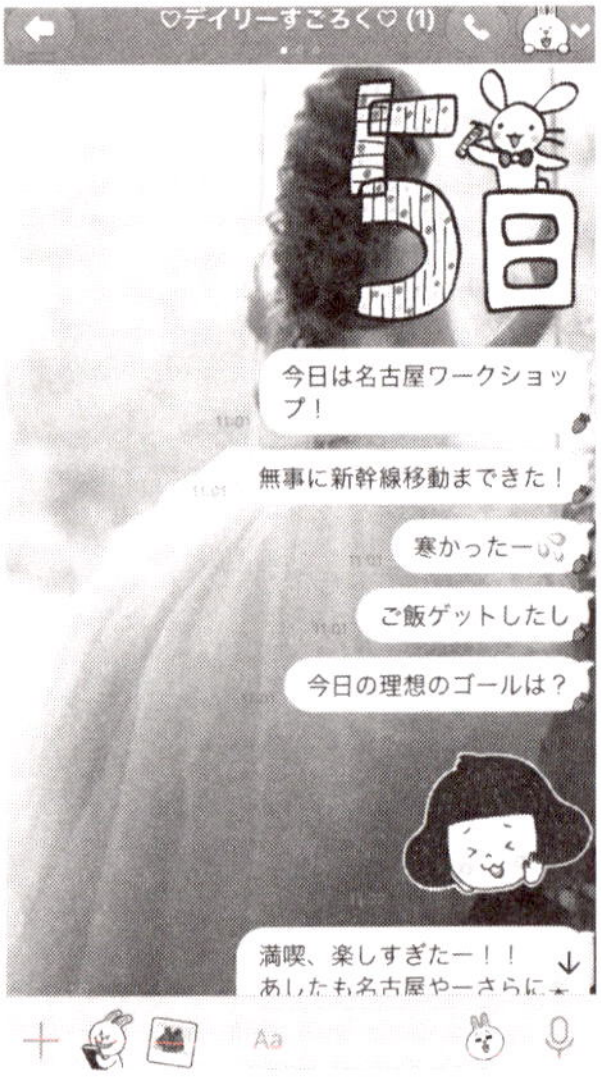

絵文字も使えるし、移動中にも活用できて便利です！

テーマ別に自分だけのグループをつくっています。

電車の移動中や、ちょっとした待ち時間など、ノートを書けない環境でも、1マスずつ進めることができる！　そんな、忙しい人の味方になるLINEすごろくのはじめ方をご紹介しますね。

ぜひ、本を読みながらご自分のLINEアプリを操作して、一緒にスタートしてみましょう！

①スマートフォンに無料通話アプリ「LINE」をダウンロードする（無料）
②友だち画面の右上「友だちを追加」ボタンを押す
③「グループ作成」ボタンを押す
④誰も追加せずに、右上の「次へ」ボタンを押す
⑤「グループ名」を自由に入れて、右上の「完了」ボタンを押す
⑥左下「トーク」ボタンを押す

※操作方法は変更になる可能性もあります。

これで、自分1人だけのグループの完成です！　グループ名、アイコン画像、背景

画像などはいつでも自由に変更できます。

このＬＩＮＥすごろくで、ノートにどんどん書き出していくように、どんどんつぶやいていきましょう。すごろくノート術と同じような感覚で脳内整理をすることができます。

つぶやきのポイントは、すごろくノートと同じように、「1文字でもＯＫ」「ぼやき・つぶやきＯＫ」。とにかく、頭の中のおしゃべりをどんどん見える化するように、つぶやきます。

シールやマスキングテープで気持ちを上げたり、完了したタスクにハンコを押すように、ＬＩＮＥでは絵文字や顔文字、スタンプを使って、自分で自分をほめたり応援したりしましょう！

また、お気に入りのノートを選ぶように、背景画像やアイコンをお気に入りにカスタマイズしてみてもいいですね。

ちなみに、上級編の使い方として、ＬＩＮＥグループをテーマごとにつくってもいいと思います。また、「仕事」テーマはすごろくノートで、「お片づけ」テーマはLINEすごろくなど、テーマや環境によって書き出しやすいツールを使い分けてもいいですね。

ほかにも、デジタルツールのメリットを活かして、お気に入り情報や買い物リストなどのURLリンクを貼ってメモとして使ったり、ほしい商品や行きたい場所などの画像を添付することもできます。アルバム機能を活用することもできますね。

また、今はたくさんのLINEスタンプが出ていますから、セリフつきスタンプ、自分の名前で応援してくれるスタンプ、日付スタンプなど、LINEスタンプに凝るのも楽しいですよ。

LINEすごろく活用術

いつも身近なスマホを使えると、とても便利ですよね。そこで、LINEすごろくの活用パターンをいくつかご紹介します。

・夜ごはんの献立決めや帰宅後の家事に

帰宅時、電車やバスの中で「今日の晩ごはんは何にするか？」「スーパーで何を買うか？」「家に帰ったら、どんな順番で家事をしていくか？」……こんなふうに、レシピサイトを検索しながらＬＩＮＥすごろくを活用すれば、まさに家事の作戦会議です！

ちょうど最寄駅に着く頃には作戦会議終了、となれば、帰宅後は余計な考えごとをせずにサクサクと動けるので、とても気持ちいいですよ。

・お片づけや整理収納、インテリアやファッション選びに

インテリアやファッション関連の雑誌を切り抜いて、すごろくノートにコラージュすると、叶えたいシーンのイメージが鮮明になるのでオススメなのですが、そんな時間はなかなかとれない……というときには、スマホで簡単にできますよ。

お気に入りの写真を添付してＬＩＮＥすごろくに投稿したり、お気に入りのブログ情報やほしい商品画像を添付したり、商品販売サイトのリンクを添付したり。そうすれば、理想の情報に早くたどり着けます。

LINEすごろくの活用例いろいろ

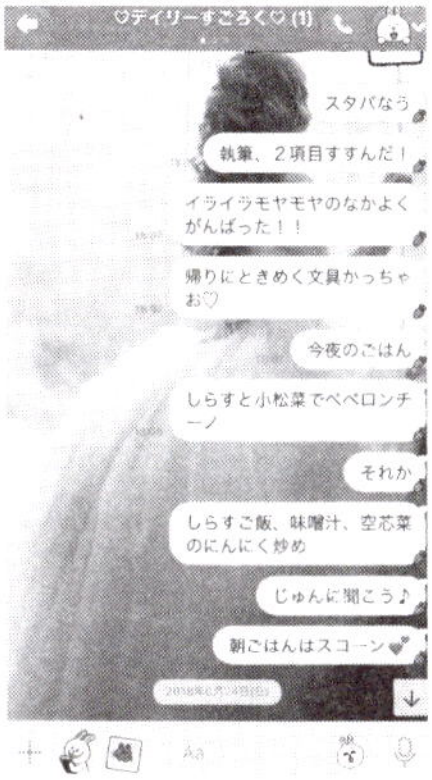

家事のメモ代わりに。

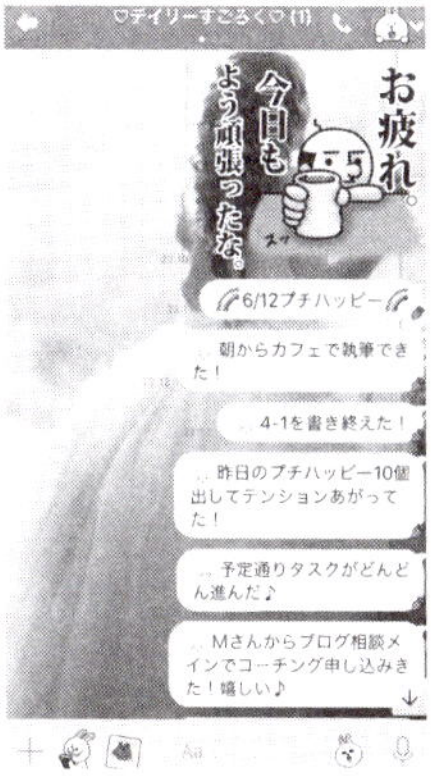

プチハッピーがテーマ。

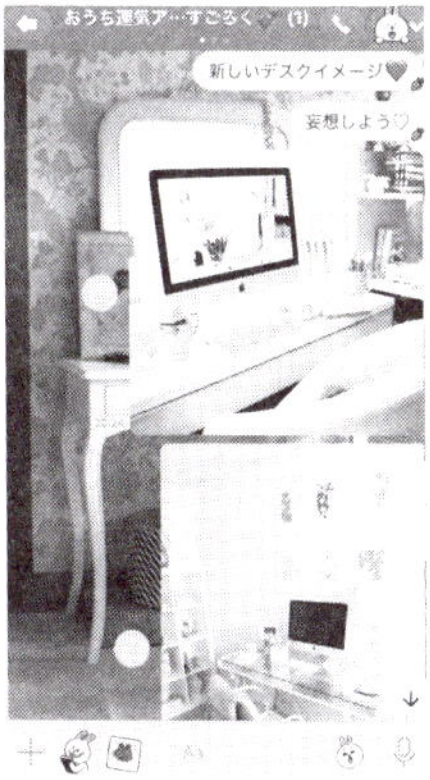

画像も送れて便利。

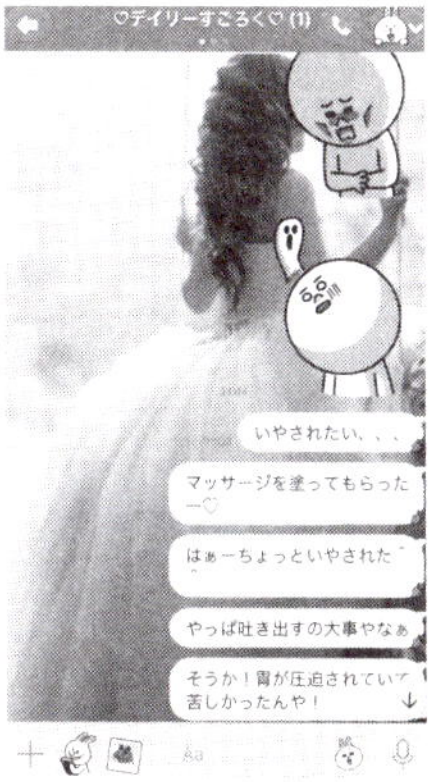

ネガティブを吐き出す場に。

たとえばショッピング中も、LINEすごろくにブックマークしていた商品情報を確認したり、家の収納のサイズを確認したりして、買い物がスムーズにできます。ほしい！　とモチベーションが上がったときに情報がすぐ見つかるようにしておくことも、叶えやすくする秘訣であり、先延ばし撃退にもなりますね。

・ネガティブなときに

LINEすごろくの使い方で、ポジティブなオススメをいくつかご紹介してきました。でも、私自身が最も効果的な使い方だと思ったのは、ネガティブなとき。

気持ちが落ち込んでいるときや、体調が悪いとき。なかなかノートを開く気持ちにならないことって、ありませんか？

たとえば、気持ちがへこんで、横になっているけど眠れない。ノートに書く気力もない。でも、スマホは見ることができる。そんなときは、思いっきりネガティブな気持ちをLINEすごろくでつぶやき続けます。

「しんどいよー」「○○がつらいよー」「でもさー」「だってさー」。誰にも見られないので、グチでも、ブラックな内容でもOK。

さらに言葉にもならないときは……、自分の気持ちを代弁してくれているようなスタンプを連打する！

大人でもうまく言葉にならないことってありますよね。このモヤモヤとした気持ちは、このスタンプが近い！　このしんどい感じは、このスタンプがぴったり！　そんなスタンプを連打していると、ようやく自分の「本当の気持ち」が出てきたりします。

私も妊娠初期の頃、つわりで体調が悪くても家族以外、誰にも言えずにつらい思いをしました。不安でいっぱいなのに誰にも相談できず、何度も何度もＬＩＮＥすごろくでつぶやいて、救われました。

ネガティブなときこそ、思いっきり吐き出すのが最速の脱出方法！　ぜひＬＩＮＥすごろくを上手に使ってみてくださいね。

Chapter

5

ノートの中身拝見！

すごろくノート活用事例

1

何度も挫折しそうになりながら叶えた、夢の講師デビュー！

――春澤あゆみさん（会社員・麹マスター）

「いつか私も講師として伝えられる人になりたい」。そう思っていても、会社員として働きながら、ずっと叶えられなかった夢。キラキラしている女性を見ると落ち込んでしまい、そんな自分にがっかりしたり……。なかなか自分に自信を持てなかった春澤さんですが、すごろくノートを学び、習慣化したことで、ついに「会社員をしながら、レッスンを開催して伝えられる人になる！」という夢を叶えることができました。

ただ、ゼロから講師デビューの夢を叶えるまでは、決して簡単な道のりではありませんでした。不安になって逃げ出したくなったり、レッスン開催を延期しようとしたりしたそうです。それでも「すごろくノートがあったから、叶えることができました！」と話してくれた春澤さんの活用事例をお伝えします。

Q すごろくノートをどのように活用していますか？

本当はやりたいことがあるのに、毎日、なんとなく過ごしては「時間がない」と言い訳したりして、なかなか行動できていませんでした。そんな自分にイライラしたり、がっかりしたり……。

でも、デイリーすごろくノートで「どんな1日にしたいかな？」と1日の理想のゴールを決めることで、1日の過ごし方が大きく変わりました。

これが、効果バツグンでした。これまで、自分のできていないところばかり見ていましたが、1日をふり返ることで、たくさんの「できた！」を見つけられて、自分でもびっくりしています。

「今日もがんばったなぁ」と自分をほめられるようになり、少しずつ行動ができるようになりました。

自信がついてきた私は、ずっと実現できずに、一度はあきらめた「レッスンを開催する！」という夢に向けたすごろくノートを書きはじめました。

Q すごろくノートでどんなふうに変わりましたか？

「やってよかった！　全員が笑顔になるレッスン開催！」というマスから、すごろくノートを書きはじめました。ブログの発信や申し込みフォームの作成、レッスン内容の決定、レッスンの準備など、初めてのチャレンジの連続でしたが、一歩一歩進めていきました。

すごろくノートをブログで公開したり、レッスン開催への想いを書いたり、時には不安な気持ちをノートに吐き出したり。すごろくノートをはじめて1カ月。一歩ずつ進めて、ついに、ついに、夢が叶った瞬間を迎えることができました！　そして、すごろくノートの1マス目に書いた言葉とまったく同じように、「やってよかった！　みんなが笑顔になれるレッスン開催できた！」と話していたんです。

すごろくノートがあったから、先延ばししないで、行動することができました。実は、何度も何度も不安になって逃げそうになって、あんなに夢だったはずのレッスン開催を延期しようかと思ったこともありました。

そのたびに、ノートにありのままの気持ちを書いていたんです。「不安だよー」「できないかも」「やらなきゃいけないこと、できてない……」「ブログ書けないよー」というように。そんなとき、麻衣子さんがいつも言っていた言葉を思い出しました。

「すごろくは叶えるために書くの。だから、書けないときは書かなくてもいい」

そうだった！　私は、みんなが笑顔になるレッスンがしたいんだった！　あきらめそうになった私に、また進む勇気をくれたのは、「夢のレッスンを開催したい！」とスタートを書いた私自身でした。

そうして、また書きはじめたすご

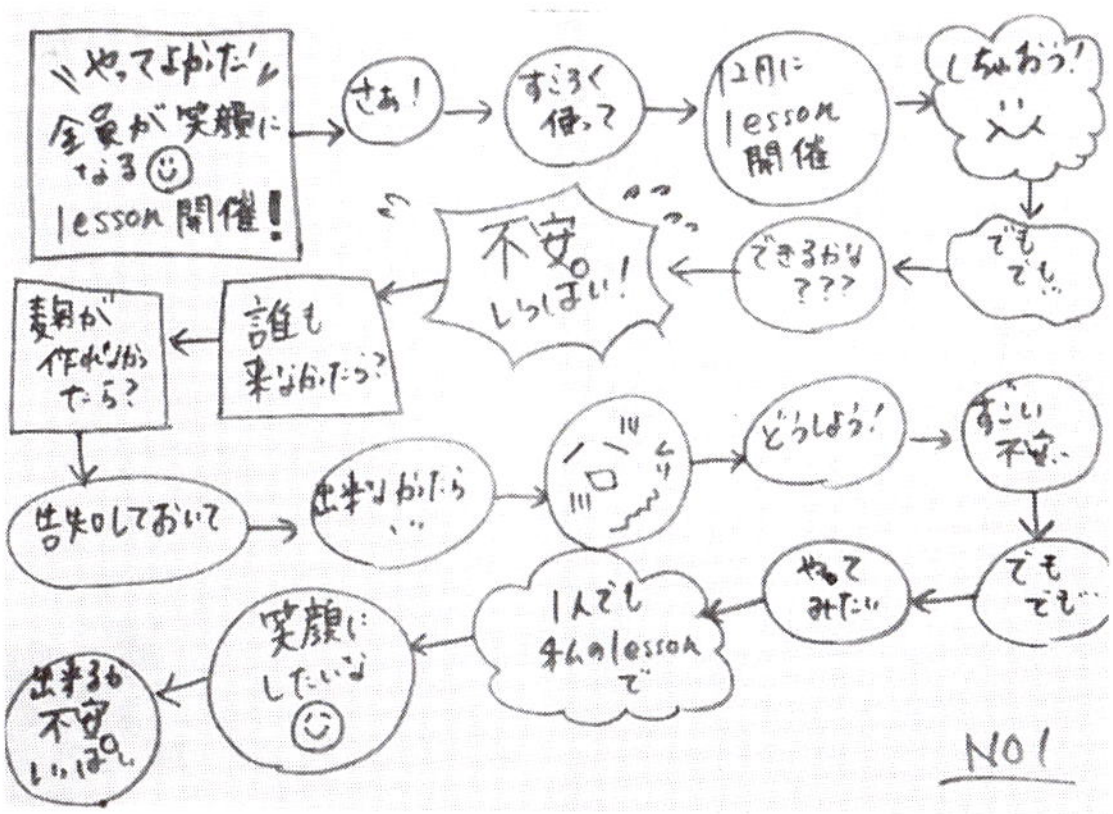

一歩ずつ行動を積み重ねて先延ばしをクリアした春澤さんのノート。

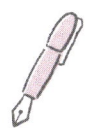

ろくノート。「私はちゃんとゴールできた！　叶えることができた！」。ふり返ってみたら、46ページにもなっていました。

comment

夢を叶えたい！　と思って行動しはじめても、日常の忙しさや思っている以上に動けなくなるときがあります。また、初挑戦というのは行動の一つひとつのハードルが高く感じますよね。不安がいっぱい。でも、何もしなかったら進まない。やっぱり叶えたい！　こんなときに大事なポイントが3つあります。

1つ目は、何度もスタートに書いた叶えたいゴールを「思い出す」こと。ワクワクして叶えたい！　と思っていた気持ち。講師として話している自分。自分の話を聞いてくれる参加者の表情。そして、ゴールを迎えたときの「ついに叶えた！」という気持ち。自分の気持ちが揺らいだり、あきらめそうになったときは、何度も何度も思い出すことです。本当に叶えたい夢であれば、きっとあなたの背中を押してくれますよ。

2つ目は、逃げたい、苦しい、つらい、恥ずかしい、怖い……どんな気持ちも全部溜めずに、ノートに吐き出すことです。見える化されていない「エア会議」はネガティブな気持ちが増幅しがちです。怖がらずにどんどん書き出しましょう！　とにかくスッキリするまで全部吐き出して、最後に質問してみてください。「本当に、叶えたい？」。叶えたい！　という気持ちが戻ったら、そこから、また一歩ずつ進めていきましょう。

このとき、答えが「やりたくない」でもいいんですよ。そのときは「これは本当に叶えたいこととはちがった。それがわかってよかった」と本音を見つけられた自分を認めてあげてください。そうしたら、次の夢や目標に安心して進むことができます。

3つ目は、ノートは無理して書かなくてもいい、ということ。すごろくノートを書くことが目的ではないので、書けないことに落ち込む必要はないんです。最後まで書けなくてもいい。お休みしてもいい。時間がかかってもいい。最終的に「叶えることができた！」、この瞬間を迎えられることが目的です。

よく「叶うまでに何冊書くんですか？」と聞かれますが、最終的に叶うのであれば、10冊でも50冊でもいいんです。早く叶えたければ、躊躇している時間がもったいない。今すぐ書きましょう！

2

20年越しの夢がたった1カ月で叶った！

——荒川由美恵さん（オトナ女子専用婚活カウンセラー）

「20年越しの夢が叶った！」と聞いて、思い出す夢はありますか？　子どもの頃や学生時代の夢。自分には無理だとあきらめていたけど、そういえば……と思い出した人もいるかもしれません。

荒川由美恵さんは、20代前半の頃から、「いつか幸せな結婚をして、子どもと沖縄に行きたいな」と憧れていたそうです。その後、結婚式を沖縄の海が見える教会で挙げ、次は子どもと一緒に行きたいと思っていましたが、なかなか叶いませんでした。そして、ようやく8年越しに念願の妊娠。沖縄へ行きたい気持ちは募りますが、子連れで飛行機なんて無理だろうとあきらめていたそうです。そんな荒川さんが、たった1カ月で20年越しの夢を叶えたときのエピソードをご紹介します。

Q すごろくノートをどのように活用していますか？

結婚や幸せな家族への憧れが強く、20代前半の頃から「いつか幸せな結婚をして、子どもと沖縄に行きたいな」と憧れていました。その後、沖縄の海が見える教会で結婚式を挙げて、夢を叶えました。次は子どもと一緒に……と思っていましたが、なかなか叶わず、旦那さんと2人で毎年、沖縄旅行をしていました。

そして、8年越しに念願の妊娠。妊娠がわかってから、沖縄に行くことはできなくなりました。無事、出産したあとも沖縄へ行きたい気持ちは募りますが、「無理はできない」「赤ちゃんを連れて、飛行機での旅行は無理だろう」と思っていました。

そんなときにすごろくノート術の講座を受けて、「無理だろうと思っていることでも、妄想でもいいから◯◯したい！　と書いてみて」と言われ、ウズウズしていた気持ちに火がつきました。

「家族で沖縄に行きたい！」

「家族で沖縄に行きたい！」とすごろくノートを書きはじめたら、どんどん記憶が蘇ってきました。でも、はじめはワクワクしていたけれど、すぐに現実的な課題や不安なことが次々と浮かんできました。早産で入院していたわが子を連れて旅行に行けるのだろうか？　まだ早いと言われるんじゃないか？　周りに反対されるんじゃないか？　病院では何と言われるだろうか？　お金もかかるし……。

不安はたくさん浮かぶけれど、やっぱり行きたい！　20年越しの夢を叶えたい！　という気持ちがどんどん大きくなる一方でした。

そこで、まずは妄想全開になって、思いっきりワクワクしようと、ノートに沖縄の写真をコラージュしたり、子連れ沖縄旅行ブログを読みあさっ

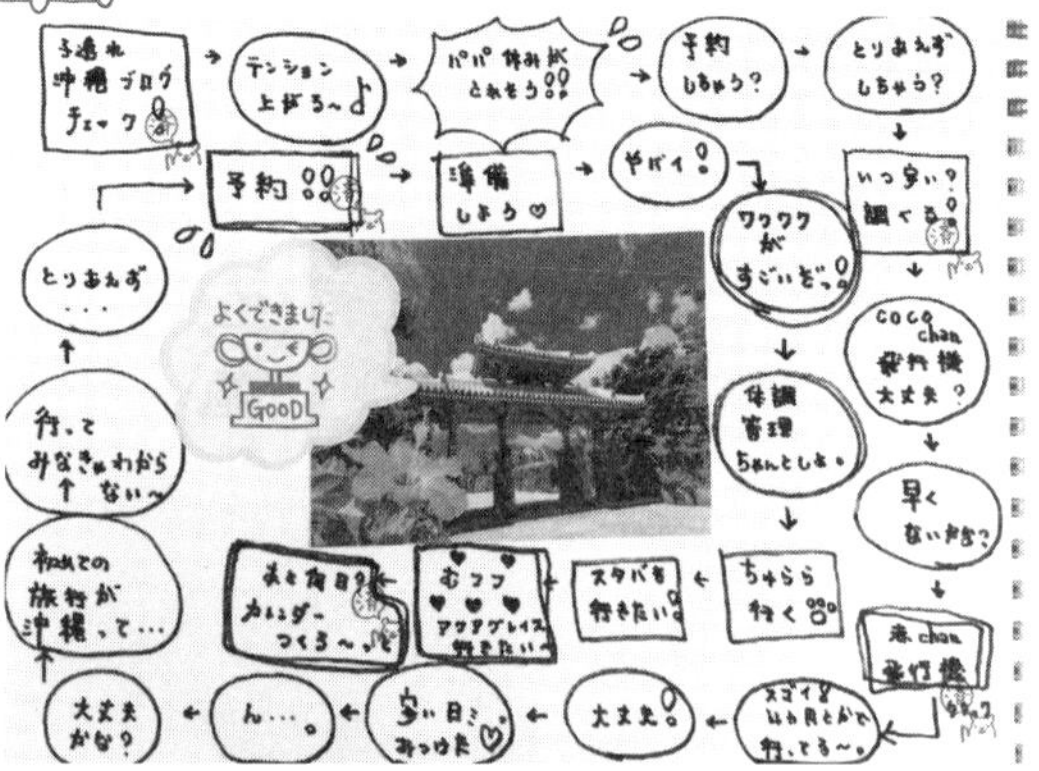

20年越しの夢を一気に叶えた荒川さんのノート。

ては情報収集して、テンションを上げていきました。

旦那さんのお休みと自分のスケジュール、子どもの病院の日程なども見ながら、旅行の候補日やかかる費用をノートに書き出しながら調べたり、今できる行動を一つひとつ進めていきました。

Q すごろくノートでどんなふうに変わりましたか？

ワクワク妄想しては行動を少しずつ起こしていきましたが、やはり不安的中。親には「まだ早いよ」と言われて落ち込み、途中で行動が止まる。また情報収集をしてはテンション上げて行動に移す。この繰り返しでした。

私は落ち込んだときにこそ、すごろくノートを書くようにしています。自分自身と対話ができるからです。いい私だけではなく悪い私も出てきて、自分の本音が見えてきます。本当は何に落ち込んでいるのか、その原因がわかるようになります。

落ち込んだら、気持ちを書き出して本音を探る。テンションを上げるために、沖縄情報をどんどん書いていく。行動を具体的に小さく書く。この繰り返しです。

その結果、「やっぱり、子どもと一緒に沖縄へ行きたい！」という気持ちにたどり着き、飛行機を予約しました。ノートを書きはじめたのが2月。3月には生後5カ月の娘と沖縄旅行の夢が叶いました！

comment

夢が叶う人と叶わない人には圧倒的な差があります。それは「思考の癖」です。すごろく思考で叶えるとは、できるかどうかはひとまず横に置いておいて、「叶えたい！」ことを妄想レベルでいいから書きはじめ、課題や不安が山盛りでもいいから、「やりたい！」と思ったことをどんどん行動すること。ワクワクする情報も、行動した結果も、すべてノートに記録していくことで「夢への道のり」ノートができあがり、あなたを後押ししてくれます。

「子どもが大きくなったら」「お金が貯まったら」「休みがとれたら」「○○ができたら」……これは、すごろくノート術とは真逆の思考。夢が叶うのが、どんどん先延ばしになってしまいます。あなたが本当にワクワクするやりたいことなら、まずは妄想全開でいいので、すごろくノートを書きはじめましょう！　自然と叶えたい気持ちが加速して、勝手に行動が進みます。

荒川さんも「無理だろう」からスタートして決断。たった1カ月で0歳の子連れ沖縄旅行を叶えました。旅行先では、「次回は、大好きな写真家さんに沖縄で赤ちゃんと一緒に撮影してもらいたい！」という新たな夢が生まれ、1年で2回も沖縄旅行が実現したという、うれしい報告をいただきました。

3

まさかの展開で憧れのマイホーム購入！

——松浦麻美さん（愛され起業コーチ）

「夢を叶えたい」「好きなことをしたい」といっても、まだ具体的ではない。なんとなく、もっと幸せになりたい、もっと自信を持ちたいけれど、その先が進まず、いつもそのままになってしまう……ということはありませんか？

実は、その漠然とした状態のままスタートして、すごろくノートを書きはじめてもOKなんです。どんな展開になるかもわからなくても、いいんです。すごろくノートは、頭の中の脳内会話を、ただそのまま、自由に書き出せばいいのですから。

「なんとなくステージアップしたい！」からスタートして、思うままにすごろくノートを書き進めていったら、意外な方向に進んでいって、思いもよらないスピードで昔からの夢が叶った！　という事例をご紹介します。

Q すごろくノートをどのように活用していますか？

お気に入りのマイホームで、お客さまを招待して講座を開催したり、パソコンを使ってインターネット通話で会議したり。自宅で気持ちよく仕事をしながら、家族との時間も大切にでき、今、理想だったワークライフスタイルが実現しています。

この夢が実現したのは、つい2カ月前のこと。きっかけは、「なんとなくステージアップしたい！」と思って書きはじめたすごろくノートです。

スタートは「ステージアップしたい！」とだけ書きました。具体的に達成したい目標などは浮かんでいなかったのですが、理想の働き方や過ごし方を改めて考えてみたいなと思い、自由に感じたままのことを記しています。

本を読んで感じたこと、人と会って感じたこと、人に言われたことなど、とにかくいろんなことを、記録の意味も込めて全部書き出しました。自分でも笑ってツッコミを入れてしまうくらい自由に書いていますが、自分でツッコミを入れると、それがきっかけとなって思わぬ発見につながるからおもしろいです。

私の場合、理想の働き方や過ごし方を妄想していたら、自宅の引っ越しかリフォームをしたい！　という話にすごろくが展開していきました。

Q すごろくノートでどんなふうに変わりましたか？

子ども部屋を確保するために引っ越しをしようと決め、マンションの物件を数件内覧しているときに、ふと目に入ったのが一戸建ての情報でした。とても素敵で一目惚れした一戸建ての物件は、予算をはるかにオーバー。もちろん購入するつもりもなかったのですが、「冷やかしでも

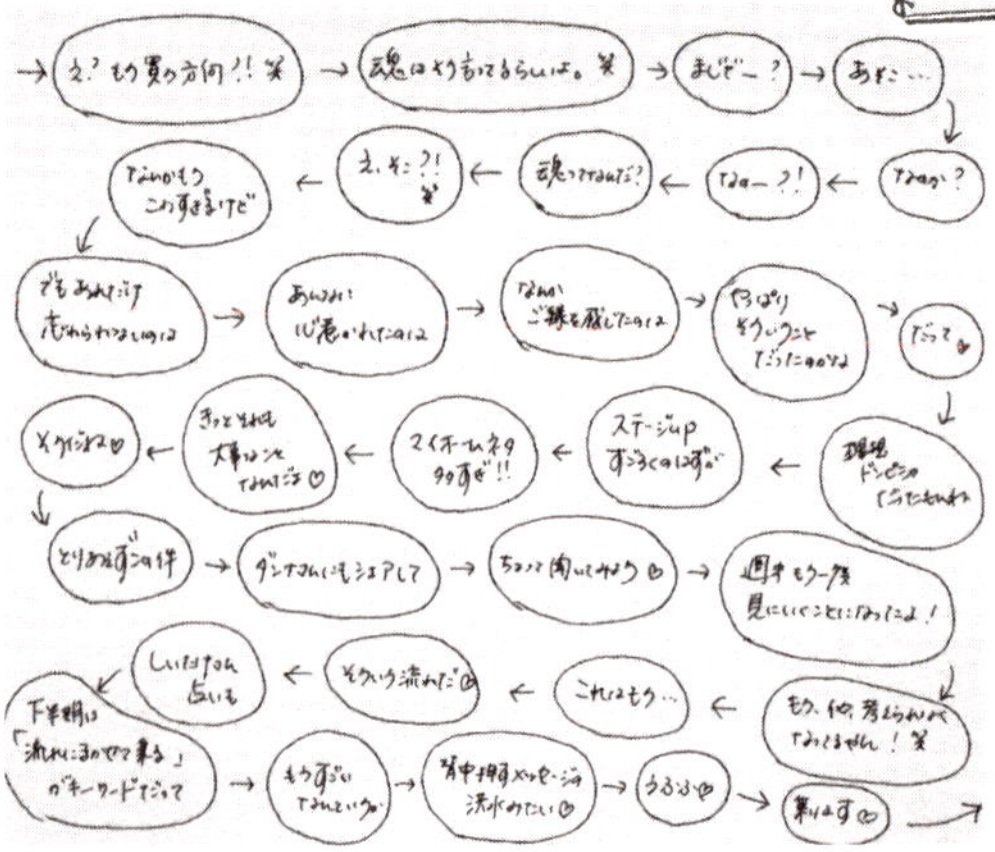

「ステージアップすごろく」が「マイホーム購入すごろく」になった松浦さんのノート。

いいから見てみたい」と内覧させてもらいました。

中に入ると、まさに私好みの空間。部屋を見ながら、「ここにピアノを置いて、ここは仕事部屋にして……」と妄想がはじまりました。

あまりに素敵だった一戸建ての内覧。帰宅してからノートの続きに妄想をどんどん書き進めていきました。もう住んでいる自分になりきって、

「仮に、あのお家に住んだら？　朝起きてからどんな1日がはじまるだろう？」

「仮に、あのお家に住んだら？　お客さまは何人呼んで講座をするだろう？」

「お客さまが来られたら、お茶を出して……」

「あ！　エスプレッソマシーンを買おう」

「ソファーは◯人がけにして……」

と、部屋のインテリアまで浮かんできて、私の心の中ではすでに住んでいるかのような具体的な妄想が広がっていました。

マンションへの引っ越しを考えながら、一戸建てマイホームへの妄想をふくらまし続ける毎日。あまりに具体的にイメージしていたので、夢にも出てくるほどでした。

すごろくノートを書けば書くほど「一戸建てに住んでいる感覚」がリアルに感じら

れるようになり、気持ちは一戸建てへ。当初は、一戸建ては選択肢に入っていなかったので、夫も営業担当者さんもびっくりでした。

そして、2カ月後にはマイホームを購入！　さらに2カ月後には引っ越しを完了して、今、憧れだった働き方が実現しました！

チャンスが来たときに、こんなに早く決断ができたのは、すごろくノートで何度も何度も妄想をして、すでに生活している自分が鮮明にイメージできていたからだと思います。今回のマイホームだけではなく、「ムリかな？」と思うような妄想もニヤニヤしながら気楽に書けることがすごろくノートのいいところ。「なんか好き♡」「なんかやだな」と思った感覚のまま書いてみて、「なんか好きってどういうこと？」と自問自答していくと、自分が求めていた本当の答えが見つかります。

comment

「ステージアップしたい！」という話から、あっという間に憧れの一戸建てを購入！

妄想すごろくの醍醐味がまさに詰まった事例です。「妄想でもいいとしたら？」「仮にこの家に住んだとしたら、1日の過ごし方は？」「私はどんな服を着て、どんな場所でどんなことをしている？」など、とにかく具体的に妄想することがポイントです。

妄想すごろくのよさは、何でも自由に書いていいところ。「なんとなく、○○できたらいいいな」からはじまってもOK。どんな展開になっていくかな？ と自分でも楽しみながら、思うがままに書き進めてみてくださいね！

4

オリジナル講座づくりにすごろくノートを活用！

――近藤理恵さん（まぁるいおうちライフスタイリスト）

オリジナル講座をつくるため、すごろくノートを活用したまぁるいおうちライフスタイリストの近藤理恵さん。コンテンツづくりからニーズのリサーチ、テキストづくり、価格設定から告知募集と、すべて1冊のノートにまとめています。

たくさんのアイデアやコンテンツを「まとめよう」「形にしよう」と思うと、頭の中がいっぱいになってなかなかまとまらない……ということはありませんか？ そんなときは、頭の中だけで整理して、構成を考えて、形にすることはとても難易度が高いので、「見える化」することがオススメです。すごろくノートでは、ちょっとしたアイデアや、ふと思い出したこと、ノートを書いていて感じた気持ちなど、とにかく、まとまっていない状態のまま書いていいので簡単です。

Q すごろくノートをどのように活用していますか？

お弁当をつくるのが楽しい！　と思えるオリジナル講座をつくりたいけれど、いざつくろうと思ったら、頭の中がごちゃごちゃになって、まとまりませんでした。それで、すごろくノートを書きはじめました。頭の中に伝えたいことやコンテンツはあるのに、それをどうやってまとめたらいいかがわからなかったんです。

コンセプトはどうする？　どんな人に伝えたい？　みんなは何が知りたいと思っている？　私にとっては簡単だけど、みんなにとってはどうかな？　講座のネーミングはどうする？　テキストはどんなものがいい？　いつ講座を開催する？……とにかく考えたいこと、決めたいことばかり。

もちろん講座づくり以外にも、ほかの仕事や家事・育児もありましたので、「1つずつ進めていこう」「小さく考えよう」とハードルを下げながら、講座を完成していきました。

Q

すごろくノートでどんなふうに変わりましたか？

オリジナル講座を完成させて、毎日のお弁当が大変だと思っているママたちに、お弁当づくりは簡単なルールを知っているだけでもっと楽しくてラクになるということを、分かち合いたい。気軽に買えてかわいいお弁当アイテムもいっぱいあるから、シェアしたい。そんな思いでスタートしたすごろくノート。

やることもいっぱいだし、迷いや心配が押し寄せてきて、何度も頭の

講座の情報はこれ1冊を見ればわかるようにした近藤さんのノート。

中がフリーズしました。コンセプトが決まったあとも、不安になったりドキドキしたり。そんなときもその気持ちのまま、「フリーズしちゃう！」と、弱音も全部書き出し続けていました。

今、ノートを見返すと、「大丈夫だよ。初めてのことだもんね。一歩ずつだよ」と、自分自身で応援コメントをたくさん書いています。慣れた頃には、ペンの色を変えたり、かわいいシールを貼ったり、カラフルなノートにしたりして、ワクワクを高めていきました。

少しずつまとまってきたら、実際の内容の組み立てや、テキストをどうつくるか、具体的な行動計画を調整して、完成にたどり着きました。気持ちダダ漏れで、隠さずに書くのが一番いいと思います！

「お弁当講座をつくるすごろくノート」には、お弁当講座をつくるための情報も全部1つにまとめています。頭の中で考えていることや感情をそのまま書き出すだけでなく、お客さまのニーズをリサーチしたときにいただいた意見を文章で書きとめたり、イメージにつながる写真を載せたり、お弁当の配置図をイラストで描いたり。とにかく関連する情報をまとめて、この1冊を見ればすべてわかるようにしています。

頭の中がごちゃごちゃしたり、大事なことを忘れないようにしたいとき、これ1冊を読み返せばいいので、とても役立ちます。制限がなく、自由に書いていいすごろくノートならではのメリットですね。

comment

自分のお気に入りにこだわって、「ジャバラノートをつくりました！」と広げて見せてくれた近藤さん。紙を足せば、永遠にページ数を増やしていける形式で工夫されています。

講座の完成に至るスタートからゴールまで、自分のこだわりがたくさん込められています。簡単なのにおいしくオシャレに見える写真、簡単だから毎日楽しく続けられるお弁当のつくり方を説明する写真、かわいくて簡単に買えるお弁当グッズの情報……。すごろくノートを見るだけでワクワクしてきます。

ノートは自分の好きなふうにとことん工夫する！　というのは、ぜひ真似したいですね。さらに大切な1冊に感じられて、モチベーションが上がりそうです。

すごろくノートは、講座づくりのように、ゼロから形にするとき、アイデアを生み出して新しいものをつくり出すとき、クリエイティブに企画を考えるときなどに大活躍します。

5

常に時間に追われていた私が、達成感いっぱいの毎日に大変化！

——松谷美里さん（「縁結び文章術」ブログ添削講師）

ＴＯＤＯリストを手帳やふせんに書き出すと、なかなか進んでいないのに、リストがどんどん増えて、時間がないと焦っていく……。こんな状況が続いて、「時間管理が苦手」「時間がない」と悩んでいませんか？

やらなきゃいけないことを終わらせたら、その後は自分の好きなことをしよう。そう思っているのに、どうしても自分の時間がなかなかとれない。本当はもっと毎日、余裕を持って楽しく過ごしたいのに！　もっと好きなことに時間を使いたいのに！

そんなあなたに、松谷さんの体験談をご紹介します。

Q すごろくノートをどのように活用していますか？

毎日、夜の8時半には8歳の息子と一緒に就寝し、朝は4時起きで家族が起きる前に家事をはじめます。7時半頃になって、やっと自分時間がとれます。

今日のやるべきことを一つひとつふせんに書いてデスクに貼り、クリアしたら捨てていく。でも、ふせんは、なかなかなくならない……。いつまでも残っているふせんを見るとイライラ。常に時間に追われるようで「時間が足りない」が口癖でした。

当時は子どもより仕事を優先させている感覚で、「お母さんがパソコンを触っている間は、話しかけちゃいけません」と言っていました。まだ小さな息子と本当は遊びたいのに、なかなかやらなきゃいけないことが終わらない。そんな日々がすごろくノートと出会って一変したのです。

朝4時に起きたら一番に「デイリーすごろく」を書きます。「おはよう」からはじまるすごろくです。

まずは今日の理想のゴールを書いて、一日のやりたいことを書き込んでいきます。

すごろくは我慢することなく自分の気持ちを書けるので、新しい発想もどんどん出てきます。家事も仕事も朝からやりたいことや、今日の流れを書いて作戦会議をします。ふせんに書き込むのとはちがって、文字数も気にせず書けます。

　私は超ズボラなのでかわいく書こうとは思わないのですが、とにかくスタンプにハマりました。タスクをクリアしたらスタンプを押す！　これがとてもうれしいのです。

　特に、セリフつきの大きいスタンプが効果バツグン。どんなに小さなタスクでも「よくできたね！」「す

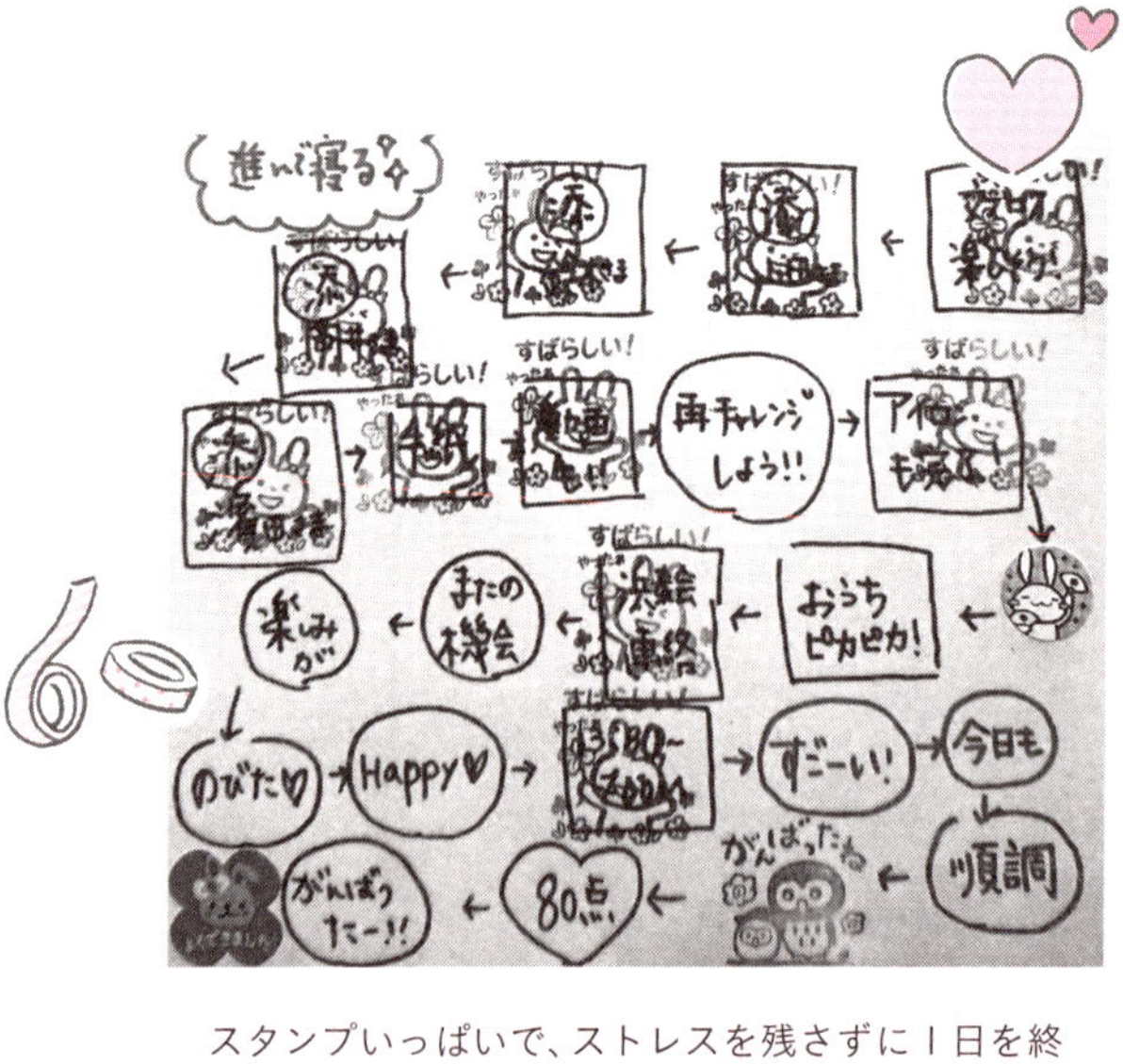

スタンプいっぱいで、ストレスを残さずに１日を終える松谷さんのノート。

ごい！」などのスタンプをどんどん押します。達成感が大きいし、自分をほめることも、ほめてもらうことも大好きなんだと気づきました。

Q すごろくノートでどんなふうに変わりましたか？

今は、子どもが帰ってきたら、ゲームで一緒に遊ぶのが習慣になっています。以前は持てなかった子どもとの時間は、今からでも取り戻せます。8歳の息子との時間が幸せです。

夜寝る前にも、すごろくノートを見ることが多いです。ノートを見ては「やり残しがない！」「スタンプいっぱいでうれしい！」とニヤニヤ。毎日ストレスを残さずに就寝しています。

また、家事や育児、仕事にも気持ちの余裕が持てるようになった今、幸せな気持ちで息子を観察していたら、ふと絵本のアイデアが湧いてきました。

昔から手紙を書いたり、本を読んだりすることが大好きだった私。「絵本をつくりたい！」。気づけばどんどん物語を書いて、あっという間に完成！　絵本大賞という企画に応募できました。

新しいことや夢に挑戦していても、何も犠牲にはしていません。いつもと同じように家事も仕事もしながら、子どもと遊ぶ時間は全力。好きなことを好きなように好きなだけできるし、自分の夢を叶えるための時間もたっぷりあります。

昔の私は、やりたいことがあっても「やらなきゃ」を優先していました。手放す勇気もなかったし、怖かったのです。なので、自分の「やりたい」を優先することに罪悪感を感じている人にも、オススメしたいです。

ダメなところばかり見つけて、「私をほめて」と思っていた私。すごろくノートとスタンプのおかげで、自分で自分をほめるのが上手になりました！　そして、自分ほめがうまくなったら、子どもをほめるのもうまくなりました。

comment

実は、私自身も欲ばりで、やりたいことも多いです。気づけばTODOリストが増えていくので、「本当にやりたいことなの？」「本当に今日が締切？」「本当に私がする必要があること？」というように、自分でツッコミをしながら優先順位を決めたり、適正量か見極めるようにしています。

デイリーすごろくノートを見返すと、自分自身の癖やうまくいくパターン・うまくいかないパターンを発見できますので、冷静にツッコミを書くことができるようになりますよ。

デイリーすごろくノートは仕事に家事育児、資格勉強など行動の流れを組み立てて、サクサク進めたい！　達成感を感じたい！　など、時間と気持ちの余裕がほしいすべての人にオススメです。

6

子どもの本音が聞ける！「親子すごろく」

——篠原亜希子さん（ときめき片づけコンサルタント）

中学2年生、小学6年生、小学3年生と、3人の女の子の育児をしながらお仕事をされている篠原さん。自分の気持ちを伝えるのがむずかしく、苦手な子どもたちの本音を聞いてあげたいけれど、仕事に家事に育児にと忙しくて、なかなか本音が出てくるのを待ちきれない。ついキツく言って泣かれてしまうことも……。

本当はもっと一人ひとり、ゆっくり話を聞いてあげたいと思っていた篠原さんは、お子さま1人と一緒にワークショップに参加されました。

帰宅後、長年解決しなかった悩みを相談されたとき、「すごろくでお話ししてみる？」と聞いてみたのが「親子すごろく」のはじまり。これまでの親子の会話がすごろくノートを使うことでどう変化したのか、篠原さんにお話を聞いてみました。

Q すごろくノートをどのように活用していますか？

「もう！　そんなことで悩まない！」と子どもたちにキツく言っては、泣かれることもしばしば。子どもたちの悩みは学校のこと、友だちのこと、勉強のことが中心です。なかなか解決しない悩みを延々と相談され、自分ではどうやっても解決できないとお手上げ状態でした。

何より、3人の子どももそれぞれの話をもっとゆっくり聞いてあげたい。そんなときに出会った、すごろくノートを使って娘とおしゃべりをしてみたら、すぐにこれまでの親子の会話とはちがう感覚になりました。セリフは、子どもが書くときもありますが、私が書記を担当することが多いです。

いつもなら日常の中でゆっくり聞けずにイライラしてしまいがちでしたが、すごろくノートを書きながら会話をすると、スピードがゆっくりになるので、私も余裕を持って子どもの話を聞けます。子どもは、私がゆっくり聞いて、ノートに書いてくれることがうれしいみたいで、どんどん話してくれるようになりました。

会話が目の前でノートに記録されていくので、安心感や達成感もあります。気持ちに余裕が戻ってくると、私もイライラせずにゆったり聞けますし、「何でも話していいんだよ」「大丈夫だよ」と、以前より寄り添えている感覚があって、うれしいです。

Q すごろくノートでどんなふうに変わりましたか？

「行事がいやだ」「学校行きたくない」「休みたい」……何度も出てくるそれぞれの子どもたちからの悩み。今では3人それぞれのノートを用意して、親子すごろくの時間をとれる

すごろくで対話する篠原さん親子のノート。

ようにしています。

「すごろくだとママが笑顔で、ゆっくり話を聞いてくれる！」と思ったのか、子どもたちのほうから「ママ、すごろくしよう」とノートを持ってくるようになりました。いつも同じ悩みと思っていても、子どもにとっては、その時々で気持ちは全然ちがいます。ゆっくり「どうしたの？」と聞いていくことで、少しずつ気持ちを話してくれるようになりました。

無理に解決しようとはしません。「学校に行きたくない」という相談があったときは、「なんで」と質問していって、お互いにつらくなってしまいました。それよりも、気持ちをたくさん聞いて受け止める。いいところを見つけて伝える。少しでも気持ちが前向きになるように一緒に考えるようにする。これは、余裕を持って聞けるようになった「すごろくノート」のおかげですね。

学校での悩みで必要なときは、子どもが「いいよ」と言った場合に限り、ノートを先生に見せることもあります。親子の会話がそのまま記録されているので、説明をする必要もありません。誤解のないようにちゃんと伝えられるかなと心配することもなくなりましたし、子どもの本音をそのまま先生に聞いてもらえて安心しています。

親子すごろくのコツは、すごろくタイムを2人きりでとること。きょうだいがいても1人ずつノートを用意して、他の子どもとは一緒に話を聞かないようにしています。子どもたちの話をすぐ聞くことも大事なので、ノートにこだわらずチラシの裏やコピー用紙など何でもありです。レストランで紙がないときには、紙ナプキンでもすごろくができます！

また、すごろくをママが書くときには、「書いてから読む」「読んだら次のセリフ」というルールを設けることです。そうしないと、子どもたちはどんどん話して、書くスピードが追いつきません。これだけでママもゆったりとした気持ちで聞けるようになりますよ。また、イラストを描くと、さらに気持ちを伝えやすいようです。

comment

親子すごろくで、大切なわが子の本音をゆっくり聞けることが本当にうれしい！

という喜びの声が届いています。

篠原さんが工夫していた「書いてからセリフを読む」というのは、とても効果的です。自分の気持ちを、ママが書いて読んでくれる。子どもは「どんな自分もありのままを受け止めてくれる」と感じます。

子どもにすごろくノートに興味を持ってもらいたいときは、親であるあなた自身がすごろくノートをワクワク楽しむこと。子どもの目に入るリビングで書くのがオススメです。興味を持ってきたら、「○○ちゃんも、すごろくやってみる？」という自然な流れで伝えてみてください。子どもたちのほうが素直に脳内会話を書けたりしますよ！

はじめから完璧をめざさずに、まずはわが子とすごろくで楽しくおしゃべりできたらいいな、くらいの気持ちでトライしてみてくださいね。「週末どこに行きたい？」こんな身近なテーマからおしゃべりしてみると楽しそうですね！

Chapter

6

引き寄せ力アップ！

すごろくノートで もっと夢を叶える秘訣

1

叶えるまでの道のりは決めなくてもいい

ここまで、すごろくノートの書き方や事例をご紹介しました。最後に、すごろくノートで夢を叶える速度をさらに上げる秘訣をお伝えしていきますね。

叶えたいことを好きなように妄想してみる！

この妄想タイム中は、ニヤニヤ笑顔が止まらなかったり、目をキラキラさせたり、雑誌を切り抜いてコラージュをつくったり、とても幸せな気持ちになってアイデアもたくさん出てきます。

ただ、残念なことに、私たちはこの妄想タイムを自分の手で止めてしまいがちです。ある瞬間、冷静な自分が顔を出して、脳内で質問がはじまるんですね。

「で、どうやって叶えるの？」
「で、具体的には何をするの？」
「で、その次は？　どんなステップを踏むの？」
「で、お金はいくらかかるの？　そのお金はどう用意するの？」

この突然の質問攻撃。自分で自分を追い詰めていく質問を、なぜかはじめちゃうんですね。周りが「できるよ！」「応援するよ！」という言葉をかけてくれていても、自分に厳しくなってしまう。あなたも経験したことありませんか？

そうすると、何が起こるでしょう。

あれだけ妄想全開でワクワク、ニヤニヤして旅行の話をしていたのに、突然、表情から笑顔は消えて、妄想できなくなっていく。叶える自信がなくなっていって「やっぱりむずかしいのかもしれない」と思いはじめる。そして、妄想することをやめてしまう……。大人になった私たちは、これまでの経験や知識で無意識にストップをかけてしまいがちなんですね。

だからこそ、私が大事にしていることがあります。

「叶えるまでの道のりは決めなくてもいい」

特に、妄想がスタートしたタイミングは、とても大事です。妄想タイムでは、いろいろな制約がなくなり、自由に発想できます。誰にも話さなくてもいいから安心・安全。子どものときのような、純粋な気持ちで考えることができるので、これまで考えたこともなかったアイデアが出てきます。

この妄想力が高まると、私たちはどんどん力がみなぎってきて、「叶えられる気分」が高まるんですね。

大好きなアーティストのライブに行くことを妄想しただけで、私もとてつもなくパワーが湧いてきます。そして、このパワーが行動につなげてくれます。

電話をかけることが苦手な私でも、大好きなアーティストのライブに行くための電話だと思うだけで、とてつもなくパワーが湧いてきて、電話を夢中でかけられる！というように。

夢を叶えるルートはたくさんあります。これまでの自分の経験では見えないルートもたくさんあります。

目標達成から逆算してルートをつくることも大事ですが、この道のりを考えはじめた瞬間に、気持ちがワクワクしなくなるタイプの人もいます。妄想スタートのタイミングでは、勇気を出して道のりを考えることはやめるように意識してください。

誰にもバレずに、ジャマも反対もされない。妄想力がとてつもないアイデアや行動を生み出しているときは、とことん妄想街道まっしぐら！　思いついた行動は、どんどん実行していくといいですね。

ダイエットは代表的な例です。

ワークショップでも、たびたび「ダイエットしたい！」というテーマが挙がります。はじめのうちは「女優の○○さんのようなウエストになりたいな」「彼にきれいになったと言われたいな」「新しい水着も買いたいな」と、ニコニコ笑顔ですごろくノートを書き進めます。

でも、途中で「質問攻め」がはじまるんですね。

「で、どうやってやせるの？」

「ジムに行くの？　週何回くらい？　筋トレは？」

「ジムだけでは厳しいよね。日常では何をするの？」

「いつまでに何kgのペースでやせたいの？　1人でできそう？」

もう、「やめてー！」と耳を押さえたくなります（笑）。この質問攻めのあと、決まって「続かないタスク」の書き出しがはじまるんですよね。笑顔が消えて黙々と……。

これでは、いつもと同じパターンではないですか？

今まで挫折経験のあるテーマは特に、思いきって「道のりは決めなくていい」を実践してみましょう。

「やらなきゃいけないタスク」や「決まった道のり」ではなく、もうすでに夢を叶えている私をとことんイメージしながら、「やりたい！」と思ったことをとにかく行動し続けてみることだけに集中してください！

夢を叶えるルートはたくさんある

今年こそ水着が着たい！

ジム行くの？

で、どうやって
やせるの？

毎年
言ってない？

今回は
本気？

いつまでに
何kgのペース？

↓

妄想してみよう

何色が好き？

水着で
何したい？

まず、やってみたい
ことってある？

下着も
お気に入りに
してみる♡

はやりの
水着
リサーチしてみる

他には？

いいね！

モデルのMちゃん
みたいに
背筋伸ばそう！

腹筋30日
チャレンジ！

2

叶えたいことの情報は1冊のノートに超集中!

叶えたいことをどんどん実現していく人と、叶えたいことを書き出してはみたもののなかなか進まず、いつの間にかあきらめモードになってしまった人。どんなちがいがあるでしょうか?

叶えたいことをどんどん実現していく人は、**叶えたいことを毎日のように意識している人**のように感じます。忙しい毎日の中で、情報はあふれ、時間は過ぎ、気づくと叶えたいことは後回しになりがちだからです。

叶えたいことを後回しせず、毎日意識できるようになるためにオススメなのが、**「叶えたいことの情報は1冊のノートに超集中」**ということ。

「すごろくノート」の中で、「これはぜひ叶えたいけど、ハードルが高い！」と思うものこそ、テーマ別にノートをつくりましょう。


たとえば、「家族全員でハワイ旅行に行きたい！」という夢を叶えたいとします。

その場合は、あなただけの「ハワイ旅行専用すごろくノート」をつくってください。

まずはノート選びからはじまります。ハワイ旅行をワクワク妄想するのにぴったりのノートを見つけられると最高ですね！　妄想スイッチがぐんぐん入るノートを選ぶ。

この一歩からすでに、すごろくはスタートしています。


そして、ワクワクする1冊が見つかれば、すごろくノートとして書いていくことはもちろん、ハワイ旅行に関する情報は全部、この1冊にまとめましょう。

・雑誌や旅行パンフレットのイメージ写真の切り抜き
・ハワイで行きたい場所や、食べたいもの、やりたいことなどのイメージ写真
・旅行のツアー行程表の切り抜き

・飛行機のスケジュールや金額
・テレビ番組で見た観光情報
・現地で泊まるホテルの情報比較
・現地の天気の情報
・ハワイ旅行に向けた家族みんなのやりたいこと

とにかく「家族全員でハワイ旅行！」に関係する情報は、1冊のノートにまとめます。どんどん切り抜きを貼ってもよし、情報だけをただ書き込む欄があってもよし。すごろくノート形式にこだわらなくてもOKです。

あなただけの「ハワイノート」ができあがるイメージです！

あなたオリジナルのハワイのガイドブックですね。この1冊のノートを見るだけで妄想スイッチがぐんぐん入る！　そうすると、ただノートを眺めているだけでも「叶える意識」がぐんぐん高まるので、行動したくなります。

さらに情報をまとめるだけでなく、ノートをハワイ風にデコレーションすることで、

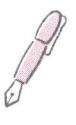

叶えたい情報をまとめた すごろくノート

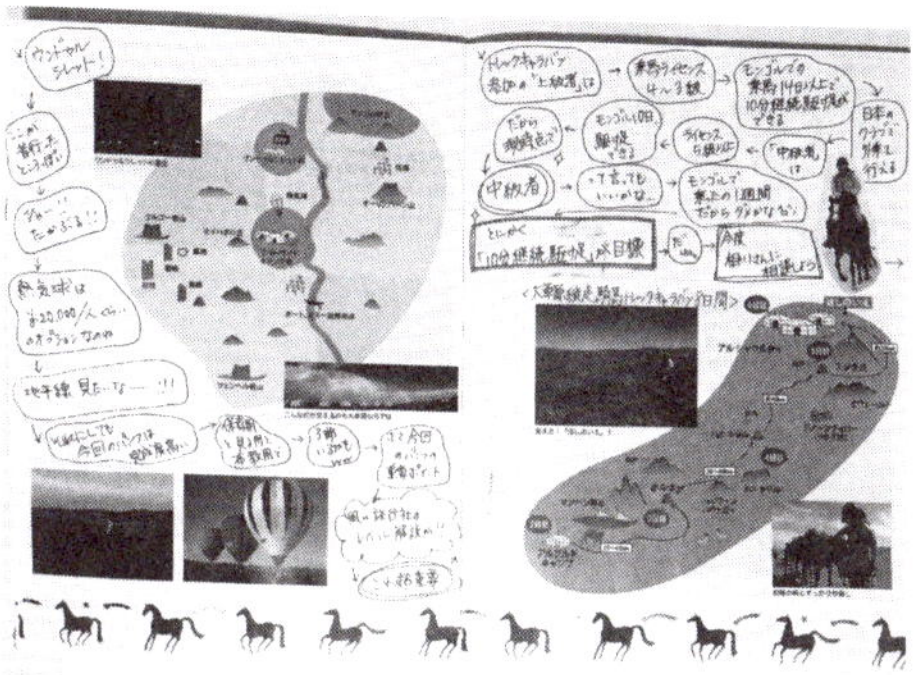

叶えるための情報を１冊にまとめると、夢を引き寄せる力が強くなります！

気持ちを高めている人もいます。書き込むペンの色、マスキングテープ、シール、スタンプなど、「ハワイノート」に関係するものは全部、ハワイでまとめる！　誰が見ても「ハワイ超ラブ！」が伝わってくるノートですね。

このノートを持ち歩いて、ハワイの話をするだけで、どんどん夢を引き寄せていくでしょう。

私の「軽井沢移住したい！　すごろくノート」には、お気に入りの場所の写真、思い出の写真、住むことを考えたときの町の情報、周辺のエリアの情報、保育園や小学校の情報なども書き込んでいます。自分で調べたことだけじゃなく、教えてもらった情報もどんどん書き込んで、とにかく「軽井沢」に関する情報は、この1冊に全部まとまっているというイメージです。

もちろん、お気に入りのお店を見つけたら情報を書き込みます。軽井沢を訪れるときは、必ずノートと一緒ですね。

あなたも、ノート1冊に叶えたい情報をどんどん集めましょう！

毎日見たくなるようなお気に入りノートをつくると、毎日書き込みたくなります。
そして、人に見せたくなります。すると、夢を叶える力は必ず高まっていきます！
まずは、どんな1冊のオリジナルノートをつくりたいかを妄想してみてください。

1冊のノートに情報が集まると、「このノートだけ持ち歩けばいい」と常に意識しやすくなります。すごろくノートを書く目的は「目的を叶える」こと。すごろく形式にとらわれず、メモや日記を書いてもいいのです。
私は、旅のスタンプを押したり、飛行機の搭乗券を貼ったりしています。保管に迷うようなパンフレットも、お気に入りの部分だけ、どんどんノートに貼ります。「切り抜きを貼る」ことも、れっきとした1マスです。1マス進んだ！　と自分をほめてくださいね。

3

夢を叶えた自分になりきって過ごそう

夢を叶えるスピードを加速する秘訣のひとつは、**すでに夢を叶えた自分になりきって、毎日の過ごし方を変えてみる**ということです。

私が起業をめざしていたとき、会社員として働きながら、限られた時間で起業準備をしていました。ブログを書きはじめる、休日を利用して学びを深める、人脈を広げるために起業家の集まりに参加する、そのために会社の名刺と別に個人の名刺をつくる……というように。

未来の夢に向けて、今からできる小さな行動を重ねていたのですが、なかなか自由な時間をつくれないことや、思ったように行動できないことに、不安や焦りが押し寄せてきました。

「自分は会社員で、自由な時間は限られている。時間に自由がきく人はいいなぁ……」「本当はもっともっと、やりたいことがいっぱいあるのに……」。

誰かと比べては落ち込んだり、すでに夢を叶えている女性たちがまぶしく見えて、どんどん差が開いていくようで苦しくなりました。

そんなとき、当時相談していたコーチにいただいたアドバイスが、「すでに夢を叶えた自分として、毎日を過ごしてみよう」というものでした。

「起業をめざしている会社員の私」ではなく、「すでに起業してセミナー講師として活躍している私だとしたら？」という質問を早速、自分にしてみました。

はじめは、すでに夢を叶えて活躍している自分を想像できなかったけれど、すごろくノートを使って思いっきり自由に妄想してみました。

すでに起業して、セミナー講師として活躍している私だとしたら……。

・どんな服を着ているかな？
・どんな下着をつけているかな？

・どんなペンを使っているかな？
・どんな名刺を使っているかな？
・どんな人と会っているかな？

そう自分に質問したとき、服装も下着も持ち物も考え方も、会社員の私とは変わる気がしました。ちょっと発想を変えただけで、見えている世界がまったく別の世界に変わったのです。今でもこのときの衝撃を鮮明に覚えています。

とはいえ、突然、服装をガラッと変えたかというと、それはできませんでした。お伝えしたように、自分が「やりたい！」「できそう！」と思えないとなかなか行動できません。そこで、会社員の私でも「できそう」な行動から実践していきました。

たとえば、未来の講師の私がピンヒールを履いているとしても、今、営業として現場を走り回っている私にはむずかしい。そこで、まず行動したのは「下着を変える」でした。これなら誰にも気づかれないので、怖くありませんよね。

たかが下着と思うかもしれませんが、これが大変化でした。普段の私では選ばない下着をつけたことで、姿勢が変わって電車の中でもピン！　と背筋が伸びています。講師として「見られている」という意識で歩くようになったからです。

ほかにも、メイク道具、ペンなどの文房具、朝食、身体のメンテナンスなど、誰にも気づかれずに変えられる行動はたくさんあります。今の環境ではむずかしいと感じたら、当時の私のように、誰にも気づかれずにこっそり、未来の自分になりきって行動してみませんか？

あなたも、ぜひ自分に質問してみてください。

「すでに夢を叶えている自分だとしたら？」

行動を加速させる魔法の口ぐせ

「夢を叶えた自分」になりきって行動するポイントは、映画の主演女優のようにバッチリなりきること。そうすることで、どんどん潜在意識に働きかけ、「叶って当たり前」と信じられるようになります。この信じられる力が行動を加速させます。

女優のようになりきるときのオススメの口癖は、**「いつもの」を枕詞につけること**

です。

私が実践していた例で紹介しますね。

会社員から起業して、自宅サロンを開き、セミナー講師として活動したいという夢を持っていた私。起業準備中も「未来タイム」で一歩ずつ行動を積み重ねていました。その一つひとつは、とても小さいものです。

- セミナー講師として活躍する私が身につけている「いつもの」服装や下着を考える
- 「いつもの」服装イメージを雑誌やインターネットで探す
- 「いつもの」服装を探しに「いつもの」お店に行く
- 「いつもの」店員さんと会話する

はじめのうちはまったく慣れませんでした。ホテルのラウンジに出かけることもなかった私が、「『いつもの』ホテルのラウンジで打ち合わせをしている私」になりきった日の、緊張感と高揚感は今でも覚えています。初めての日は緊張しすぎて、いったんお手洗いに入り気持ちを落ち着かせました（笑）。一生懸命、気持ちの準備をして

『いつもの』打ち合わせ場所」と何度も何度も唱えたものです。「いつもの」ベルボーイさん。「いつもの」ホテルの「いつも」のラウンジ。「いつもの」音楽や香り。「いつもの」席。「いつもの」アールグレイ。

この「いつもの」作戦は効果絶大なのです！　あれだけ緊張して汗が止まらなかった私も、2度、3度と積み重ねることで「いつもの」は本当になり、打ち合わせをしている自分が当たり前のように想像できるようになりました。

あなたの叶えたい夢が、今は遠いな……と感じていたとしたら、「未来タイム」で小さな一歩を積み重ねてみましょう！

なかなか質問の答えが出なかったら

夢を叶えた未来の自分になりきれば、行動が進む！　これは本当に効果抜群なのですが、時には、未来の自分になりきれず、なかなか質問に答えられないときもあると思います。

たとえば、ダイエットを例にしてみましょう。

「すでにスリムになって、お気に入りのワンピースを着こなしている私だとしたら？」

これも、私の体験談なのですが(笑)、実際に「すでに目標を叶えて、お気に入りのワンピースを着こなしている私」だと思っただけで、スッと背筋が伸びて姿勢がよくなりました。

そんなとき、「○○エリア限定！　ふわふわパンケーキ」というおいしそうな看板を見つけた私。

「わぁ、おいしそう！　しかも限定！　食べたい！」

そこであわてて、質問しました。

「お気に入りのワンピースを着こなしている私なら、ここでどんな判断をするかな？」

自分で質問してみたものの、「やっぱり食べたい！」という自分とのせめぎ合いで、なかなか答えが出ませんでした。

こんなときは、さらにレベルアップした質問があります。

「すでに夢を叶えた自分なら、今の自分に向けてどんなアドバイスするかな？」

すると、お気に入りのワンピースを着こなしている未来の私から、今、迷ってる私に向けて、こんなアドバイスをするような気がしたんです。

「麻衣子はお腹すいてるの？　それとも、気持ちが揺らいでいるだけ？　見た目がおいしそうで写真撮りたいだけじゃない？

お腹すいてるなら、食べてもいいよ。夜ごはんで調整すればいい。そうじゃなかったら通りすぎて、夜ごはんのメニューを考えよう！」

その結果。まさに、お腹がすいていないのに、見た目と「限定！」のキャッチフレーズで誘惑されていた自分に気がついたのです。この質問のおかげで誘惑に負けずに、また姿勢をピン！　と伸ばして退散することができました。

気持ちが揺らいだときは、「夢を叶えた自分ならどう行動する？」と自分に質問してみましょう。**自分でイメージがつきにくければ、「夢を叶えた自分」をあこがれの人やアドバイスがほしい人に置き換える**のもオススメです！

4

妄想が現実に！「未来タイム」を意識するワーク

妄想でもいいから「叶えたい！」と思っていることを書きはじめて慣れてくると、どんどん制約が外れて、大きな夢や長期間で叶えたい夢も出てくるようになります。

だから、「妄想が苦手なんです……」「やりたいことが見つからなくて……」という場合は、いきなり大きな夢を書く必要はないんですよ。

妄想に大きいも小さいもありません。

私は、小学生のときから「クレープ屋のお姉さんになったら？」「ムツゴロウ王国に住んだら？」と1人で妄想していました。中学生になると、「ＫｉｎＫｉ Ｋｉｄｓの剛くんとデートしたら？」「レオナルド・ディカプリオに会えたら？」と妄想して、目をハートにしていました。「英語の勉強をして、英語を活かした仕事をして、将来は国際結婚して、海外に住んで……」と大きな妄想を抱いたこともありましたね。

そんな妄想達人（笑）の私は、毎年お正月に**「今年叶ったらいいな！」と思うことを100個書き出すワーク**をしています。この100個も、小さなものから無謀だなと思う大きいものまで、なんでも書いていいのです。数を書き出すことで「自分の心の底に眠ってる本音」が見えてきます。

そして書き出したら、まず「叶えられそう！」と思うものから、すぐに行動することをオススメします。「おいしいパンが食べたい」「新発売のペンを買いたい」などは、会社帰りや週末にでも叶えられそうですよね。

こんなふうに「叶った！」体験をどんどん増やしていくと、「私は叶えられた！」と自信につながります。

一方で、「マイホーム建てたい！」や「起業したい！」など大きな夢や野望になると、長期戦になりますよね。長期戦になったときに、なかなか行動やモチベーションが続かないという相談が多いのですが、私がオススメしているのが**「未来タイム」を意識する**ことです。

せっかく夢を書き出しても、日々のスケジュールやタスクに追われていると、なかなか時間がとれず、つい後回しになってしまう。休日も疲れをとるので精いっぱいで、時間をつくれない。そんな「あるある」が起こります。

「未来タイム」とは、未来の叶えたい夢や達成したい目標に使う時間のことです。直近のTODOリストとはちがいます。

先ほどお伝えした「今年叶ったらいいな！」と思う100個のリストには、今すぐ叶えたいものもあれば、今年中のもの、未来のものもありますよね。そこで私は、直近のTODOリストとは別に、「未来タイム」のリストとしてすごろくノートを書くことで、小さな一歩を進める時間をつくるようにしています。

手帳には「今週のTODOリスト」と「未来タイム」を書くスペースをつくっています。たとえば、今週の「未来タイム」は、「ハワイに行きたい！」という夢を叶えるために「ハワイの本を1冊買う」「ハワイ好きのお友達をリストアップしてみる」

引き寄せ体質になるための「未来タイム」

「いつか」「時間がとれたら」〇〇しよう

↓

1日5分だけ、叶えたい夢のための時間「未来タイム」をとろう！

Mon

Tue

Wed

Thu

Fri

Sat

Sun

♦ 今週のTO DOリスト

★ 今週の未来タイム ★

カフェOPEN

・エリアを妄想する　・制服を妄想する

ハワイ旅行

・インスタでハワイ検索
・スマホ待ち受けをハワイ写真にする

- 手帳やノートに「未来タイム」にしたいことを書いておく
- 進めたいことをすごろくノートにも書き進めよう！

1マスでもいいよ！

と書く、といったイメージです。

そうすると、今週の手帳のページには「直近（現在）」のTODOリストと、未来の夢のための行動リストが書かれているので、どれだけ忙しくても未来の夢が目に入り、一歩進めやすくなります。


「毎週、同じテーマに向けて進めないと！」と思う必要もありません。

「今週は、どのテーマから、何を進めたいかな？」と、自分に質問してみてください。仕事とプライベート、1つずつ選ぶのもいいですね。

とにかく、今、「やりたい！」「早く叶えたい！」という気持ちがむくむく湧いてくるものがいいですね。たとえば、プライベートで、今週は家族旅行について進めて、来週は資格試験にチャレンジするテーマについて進める、というように、毎週変わってOKです。もちろん、毎日変わってもOKです。とにかく、1マス1マス、一歩ずつ進めていく。「楽しくてやりたい！」「これなら、できそう！」と思っているから、気がついたら行動がどんどん進んでいきます。これが未来タイムの効果です。

なにより、「私は忙しい中でも、しっかり夢を叶えるための時間がとれている！」

とうれしくなりますよ。そして、毎日の仕事にもモチベーションが湧いてくるのでオススメです。

毎日見る手帳に「未来タイム」を書く方法は、とてもオススメです！

・毎日見るので、緊急じゃないけど自分にとって大切なことを毎日意識できる
・スケジュールやTODOリストだけでなく、ワクワクする夢や目標が書いてあるから、モチベーションが上がる
・未来のことが進むと達成感がぐんと上がり、直近のタスクもサクサク進められる
・1日5分の習慣で、仕事でも長期の目標に向けた一歩を進める習慣がつく

1年のはじめにウィッシュリストを書くけど、あまり達成できずに挫折しがち……という場合は、ぜひウィッシュリストを未来タイムで進めましょう！

5

「妄想だけどね♪」と妄想全開トークをはじめる

「どんどん引き寄せるように叶えたい！」

そんなとき、オススメの方法があります。

それは、**「妄想だけどね♪」トークをはじめる**ことです。

言葉のとおり、これまですごろくノートに書いてきた自分だけの脳内会話を、いよいよ人に話しはじめてみる作戦です。

「え？　すごろくノートは人に見せなくていいんじゃないの？」「誰にもバレないから、安心・安全なんじゃなかったの？」と思われたかもしれません。もちろん、誰にもバレない、反対されない、安心・安全というのがすごろくノートの大前提です。

でも、すごろくノートを書き進めていると、気持ちもどんどん変化していきます。

はじめは「こんなこと、私が書いていていいのかな？」とドキドキしながら「〇〇したい！」と書いたかもしれません。私も「出版したい！」「軽井沢に移住したい！」「プロポーズされたい！」と本音を書いていたものの、内心は「いやいや、ムリでしょ⁉」「恥ずかしいな」「でも……」の連続でした。とても人に見せられないし、見せたいとも思わなかったです。

けれど、気持ちってどんどん変わっていくんですね。ドキドキしながら「えいやっ！」と書きはじめたときから、気持ちも行動も進んでいきます。

スタートよりは進んでいる。小さな一歩でも積み重なって行動ができている。少しずつ叶えられるようになると、少しずつ信じられる自分に変わってきているかもしれません。そして、「もっと叶えるスピードを加速したい！」、こんな気持ちになっていたら、妄想全開トークをはじめてみましょう！

人に話すだけじゃなく、SNSやブログでつぶやいてみるのもいいですね。はじめは「安心な人」を選んだり、SNSだったら「自分のみ公開」で発信してみるなど、少しずつオープンにしていくのがコツです。

そこで魔法の言葉になるのが「妄想だけどね♪」というセリフ。話しはじめるときに枕詞として使うもよし、話したあとで不安になってきたときに付け加えるもよし。不思議と安心して話せますし、相手も軽い気持ちで話を聞いてくれる魔法の言葉です。

私の場合、「大好きな軽井沢に移住したいな」という妄想は、はじめはすごろくノートにひっそり書いて、誰にも話さずに1マス1マス書き進めながらニヤニヤしているだけでした。ブログやSNSに書くとびっくりされるかもしれない。何より両親がびっくりするだろうと思っていたからです。

それでも軽井沢に通ううちにどんどん想いが募り、実際に移住した人の話も聞いてみたくなりました。そして少しずつ人に話してみよう、と思えるようになったのです。

それでもやっぱりドキドキするので、最初は安心・安全のために、ブログやSNSを「限定公開」設定で投稿しはじめました。

「大好きな軽井沢に移住したいな！　妄想だけどね♪」

いざ書きはじめると、妄想トークが止まらない！　軽井沢を大好きな気持ちや叶えたい一場面を書いているうちにアイデアも出てきて、すごろくノートも止まらない！

そして「妄想トークをしても大丈夫」と安心した私は、さらにチャレンジ！　当時、主催していたセミナーのごあいさつで毎回、妄想全開で語りはじめたのです。「妄想ですけどね」という枕詞をつけて、数十名の参加者さんに夢を語る。またちがう日に、またちがう数十名の方に「妄想ですけどね」と語る。

そうしていくと、この妄想全開トークをはじめてからすぐに、効果が出はじめました！　おもしろいほど軽井沢情報が集まってきたり、人を紹介してもらえたり、何も知らずに話していた人が軽井沢とゆかりがあることが判明したり！

妄想全開で語りはじめたことで、すごろくノートもどんどん進み、実際に移住した女性と東京でお会いすることもできました。

さらに、「妄想だけどね」という枕詞はいつの間にか消えて、「軽井沢移住計画なんだけどね」と話しはじめたときは、自分でも驚きでした。**何度も何度も具体的に語ることで、自分の中で「叶うことが当たり前」という気持ちに変化していたのです。**

「妄想だけどね♪」の魔法の言葉の力を借りて、勇気を出して人に語りはじめてみると、自分自身への宣言が大きなパワーとなりますよ！

6

妄想が叶うまでのストーリーも楽しむ「実況中継」

「妄想だけどね♪」と魔法の言葉の力を借りながら、さらに叶えるスピードを上げたいときにオススメなのが**「実況中継」**です。あなたがその夢を叶えるまでの道のりを、つぶさに伝えていくということです。

私が自分でも信じられないくらいのスピードで夢を叶えられたとき、無意識にしていたことは、いつも「実況中継」でした。誰かに話して伝えてもいいですし、ブログやSNSで発信する方法もオススメです。

「実況中継」と聞くとハードルが高く感じられるかもしれませんが、上手に話す必要はないし、かっこつける必要もありません。むしろ、かっこつけ禁止です。

周りの人たちはかっこいい話を聞きたいわけではないし、何より、あなた自身が途端に苦しくなります。

どんな夢も、叶えるまでにはさまざまなストーリーが生まれます。うれしいことも起これば、悲しいことも起こる。気分がどんどん上がっていくときもあれば、なぜか気分がのらないときもある。

夢が大きければ大きいほど、長期間かかるものであればあるほど、波があって当然ですよね。**そのリアルな道のりを、そのまま発信することが「実況中継」**です。

私が「自宅サロンをオープンしたい！」と思っていたとき、自分の頭の中がいっぱいになるのを防ぐために、アウトプットしようと思ってブログをはじめました。最初はニックネームを使い、顔出しもしていませんでした（安心・安全が一番です！）。

このブログで、夢を叶える道のりを公開し、一歩ずつ進みながら実況中継していたのです。

- **自宅サロンってどうやってつくるの？**
- **資格を取得するまでのストーリー**

・どの場所にオープンするといいかな？
・自宅サロンはどんなインテリアにしたい？
・名刺ってどうやってつくるの？
・起業するために必要なお金はいくら？
・お金のことはどこで学んだらいい？
・起業の夢も叶えたいけれど、結婚はどうするの？
・プロフィール写真はどこで誰に撮ってもらうといい？
・開業届はどう書いたらいいの？

夢を叶える道のりを実況中継し続けることで本気度も伝わりますし、具体的に今、何をしているのかが一目瞭然です。「私、知ってるよ」と情報も集まりやすくなるかもしれません。

そうして少しずつ共感してくださったり、応援してくださる人が出てきて、申込の受付をスタートすると、40人以上の方が申し込んでくださいました。応援コメントや紹介までしてくださったのです。

すごろくノートは誰にもバレずに安心・安全にスルスル叶えていけるノートですが、「公開することで、あきらめないように宣言したい」「自分の行動だけで自信がないから、同じような夢を叶えたい人とつながりたい」「最速で叶えたい！」と思っていたら、「実況中継」はオススメの方法です。安心できる人から、伝えてみてくださいね。

ここまでお伝えしてきました、「すごろくノート」。

「たっぷりの妄想からはじめてみよう」「脳内おしゃべりをダダ漏れにして書いてみよう」と、これまでには見たこともないノートだったかもしれません。

すごろくノートは、あなたの頭の中を自由に書けるノート。ぶっ飛んだ妄想をめいっぱい書けますし、1マスずつ進めるだけです。子どもの頃からの夢や、最近見つけた新しい夢、毎年思い出す叶えたいこと、「いつか」と思っていることなど、今、あなたの頭の中に浮かんでいることを今すぐ書いてみましょう。

ニヤニヤしちゃう妄想も、すごろくノートで一歩ずつ進めていけば、みるみる現実化しちゃいますよ♡

おわりに

最後までお読みいただき、ありがとうございました。

すごろくノート術はいかがでしたか？　お気に入りのノートを探しに出かけたくなっていたら、とてもうれしいです。


「夢を叶える秘訣を1つだけ選ぶとしたら、何ですか？」

この質問をもらって、私が言葉にしたのが「すごろくノート」でした。

「すごろくノートって何ですか？」という相手に、目の前で実際に書きながら、夢中で伝えていました。

「誰にもバレずにひっそり叶える」コンセプトだったこと、幼少時代からの思考法で高校時代から書いていたノートの書き方……。自分の中では当たり前になっていて、誰にも話す機会がなかったのです。

それに、すごろくノート術のはじまりは、私の幼少時代のネガティブな性格から自分を守るために生まれたもの。まさか、ネガティブからはじまった方法が誰かに喜ばれるなんて、夢にも思っていませんでした。


「麻衣子さんの話を聞いて、安心しました」

「すごろくノートを世に出してくださって、ありがとうございます」

こんな声をいただくたびに、昔の麻衣子ちゃんに「よかったね。よくがんばったね。ありがとう!」と伝えたくなります。

今では、ワークショップでお伝えして、みなさんに喜んでいただき、さらに「私も、もっとすごろくノート術を学びたい」「地元ですごろくノートのワークショップを開催したい」と、すごろくノート仲間が増えていることが何よりうれしいことです。

そして、たくさんの人の力を借りながら、この本で、全国にいる昔の麻衣子ちゃんのように悩んでいる人にお伝えできることが今もまだ夢のようです。


実は、本書の執筆オファーをいただいたときには、妊娠が判明して間もなくで、まだ夫しか知らない頃でした。担当の編集者さんとお会いしたとき、「私は産婆さんの役割です。麻衣子さんはお母さん。この本は赤ちゃん。大切に育てながら生み出しましょう」と言ってくださったことに感激しました。出産・産休を経て、優しくサポートしてくださった編集Tさん、同文舘出版の皆様に感謝の気持ちでいっぱいです。

毎月開催していた「すごろくノート術」ワークショップ。産休で開催できなかった時期にも、すごろくインストラクター講師陣が全国で開催してくれました。すごろくノートを実践しているすごろく仲間たちからは、叶った事例や報告など、今回の執筆にもたくさん応援・協力していただきました。

すごろくノートを世に出すきっかけとなった質問をしてくれたコーチ仲間の松浦麻美さん、山崎未奈子さん。これからも一緒にたくさん叶えていこうね！　ありがとう！

私の妄想からはじまった出版を応援してくれた、すべての人たちに感謝です。本当にありがとうございます！

最後に。妊娠中に執筆完了できたのも、産後間もなく仕事復帰をして出版準備ができたのも、いつも一番の味方で信じて最大に応援してくれる夫と、同じく最大のパワーをくれた息子のおかげです。いつもありがとう。

「すごろくノート術」があなたの理想の毎日と、妄想だけどね♪　とニヤニヤしちゃうような夢を叶えて、幸せになる相棒になれば、本当に幸せです。

ぜひ、すごろくノートを書いてみた感想を教えてくださいね。また、ワークショップなどで直接、お会いできる日を楽しみにしています！

２０１９年２月吉日

原　麻衣子

『最速で夢をかなえる！
すごろくノート術』
読者のみなさまへ

本書をお読みくださり、ありがとうございます。ぜひ、本の感想や、みなさんのすごろくノート写真を、ハッシュタグ「#すごろくノート」をつけてInstagramなどSNSに投稿してください。みなさんのすごろくノート活用術をお待ちしています！

#すごろくノート

Instagram：maiko_hara

※メールの場合は、
件名「すごろくノート術感想」にて、
こちらまで↓
E-mail：m-maiko@makestage.com

「すごろくノート術」ワークショップ、「すごろくマスター・インストラクター」養成講座などの情報はこちら→

妄想すごろくノート術オフィシャルサイト
https://mousou-sugoroku.amebaownd.com/

著者略歴

原 麻衣子（はら まいこ）

株式会社メイクステージ　代表取締役社長、女性起業支援コーチ
大阪出身。住友スリーエム株式会社（現スリーエムジャパン株式会社）で営業経験を積みながら、10年後と夢見ていた起業を1年間3足のわらじで実現。株式会社チームフローにてアドラー心理学をベースとしたコーチングを学んだ後、2011年に起業し、自宅サロンをオープン。3000件以上の女性の起業相談にのる。読者と両想いになるブログ講座や、オンリーワンメニューを創る講座が評判で、月収7桁を達成。その中で、自分自身が仕事から結婚まで、夢や目標を叶えてきた「すごろくノート」について教えてほしいという相談が殺到し、「妄想すごろくノート術」ワークショップを開催。誰でも行動が続けられ、感情のモヤモヤも整理できるノート術として好評で、メディアにも多数取り上げられる。
2015年、株式会社メイクステージを設立。現在は、全国でセミナー、ワークショップを行ないながら、「すごろくマスター・インストラクター」の養成も開始。「誰でも、自分で自分の悩みを解決したり、夢を叶えて幸せになる」きっかけをつくるために活動中。夫婦共にメンタルコーチ。

最速で夢をかなえる！
すごろくノート術

2019年2月21日　初版発行
2019年3月20日　3刷発行

著　者 —— 原 麻衣子

発行者 —— 中島治久

発行所 —— 同文舘出版株式会社

東京都千代田区神田神保町 1-41　〒101-0051
電話　営業 03（3294）1801　編集 03（3294）1802
振替 00100-8-42935
http://www.dobunkan.co.jp/

ISBN978-4-495-54025-8
印刷／製本：萩原印刷
Printed in Japan 2019